독특한 아이의 세계

일러두기
• 인물명 표기는 포털사이트 네이버 및 출판물을 기준으로 하였습니다.
• 나이 표기는 만 나이 통일법을 따랐습니다.
• 본문에 표기된 '•'의 설명은 부록의 '낯선 용어 알아보기'를 참고하세요.

평범한 일상이 흥미진진한 신경다양성 자폐 아이의 좌충우돌 성장기

독특한 아이의 세계

이현정 지음

전선진 그림

마음책방

추천사

신경다양성 아이의
흥미진진 일상을 엿보다

유희정
(분당서울대학교병원 정신건강의학과 교수)

　직업상 많은 장애 아동을 만난다. 아이들과 가족을 만나면서 아쉬운 점 중 하나는, 진료실에서만 아이들을 만난다는 것이다. 아이들이 일상적이고 자연스러운 상황에서 어떻게 생활하는지 아는 데는 한계가 있다. 그렇다 보니 진료라는 특성상 아이의 문제점, 부족한 것, 특정한 상황에서의 어려운 것에만 집중할 수밖에 없다. 가정에서, 또 학교에서 아이가 매일매일을 어떻게 의미 있게 채워 나가는지, 거기서 겪는 기쁨과 슬픔, 걱정과 편안함 속에서 보이는 진짜 모습은 어떠한지, 이러한 일상적인 생활을 통해 아이가 어떻게 성장해 가고 있는지는 사실 알기 어렵다. 만약 그런 모습을 안다면 더 좋은 조력자가 될 수 있지 않을까 하는 아쉬움이 항상 있었다.

이 책에는 자폐스펙트럼장애 진단을 받은 현이가 태어나서 자라고, 이제 초등학교에서 열심히 자기의 세계를 만들어 나가는 성장기가 고스란히 담겨 있다. 현이의 성장뿐만 아니라 엄마, 가족, 그리고 학교 구성원들이 아이의 세계를 조금씩 이해하고 조율해 나가는 과정도 기록되어 있다.

양육자인 어머니의 눈과 말을 빌려 서술하고 있는 현이 이야기는 때론 감동적이고, 또 때로는 (초등학교 입학하던 날 현이의 표현을 빌리자면) '흥미진진'하기도 한다. 현이의 생활을 따라가다 보면 어느 순간부터 같이 웃고, 같이 안타까워하는 자신을 발견하게 될 것이다.

자폐에 관한 키워드 중 하나로 '신경다양성[*]'이 있다. 자폐를 개별적인 증상이나 장애로 환원하지 않고, 남들처럼 일상적인 삶의 역동을 경험하는 온전한 주체로 이해해야 한다는 의미를 담고 있다. 그런 의미에서 이 책은 고기능 자폐로 아스퍼거 증후군인 현이를 통해 신경다양성 아동의 삶으로 걸어 들어가 그들의 세계를 있는 그대로 바라보고 이해할 수 있도록 돕고 있다. 책의 저자인 현이 어머니는 따뜻하면서도 객관성을 잃지 않는 시선과 현명하면서도 진솔한 글로 신경다양성 아동의 세계를 자연스럽게 들려주고 있다.

그런 점에서 발달이 느리거나 예민하거나 독특한, 조금 다른 아이를 키우는 모든 양육자는 물론 아이들을 돕는 치료사와 소아정신과 의사에게도 이 책은 아주 유익하고 큰 도움을 줄 것이다. 현이와 가족 그리고 세상의 모든 신경다양성 아동과 가족이 걸어가는 희망의 여정을 항상 응원한다.

작가의 말

멀고 험할지라도,
천천히 한 걸음씩

 몇 달 후면 현이가 4학년이 된다. 요즘은 초등학생을 저학년, 중학년, 고학년으로 구분한다지만, 예전 기준으로 하면 초등학교 고학년에 해당하는 나이, 어쩌면 사춘기가 몽글몽글 피어날지도 모르는 시기다. 사춘기 못지않은 유년기를 보낸 덕에 사춘기가 얼마나 힘이 들까 싶다가도, 아이의 사춘기는 부모의 상상을 벗어난다는 선배 엄마 얘기에 지레 겁이 나기도 한다. 아마도 현이의 사춘기는 다이내믹 그 자체이거나 이 반대로 세상 수월한 사춘기를 맞이할지도 모른다. 삶은 늘 내 예상을 벗어났으니까.

 아이를 키운 이후 나는 지금 가장 평온한 시간을 보내고 있다. 조금씩 현이와 나를 분리하고 있고 개인 상담도 받고 있다.

내친김에 남편도 상담을 시작했다. 잠을 잘 때마다 엄마 팔꿈치를 찾는 현이 덕분에 나의 숙원 사업인 잠자리 분리는 아직이다. 그래도 놀이터 분리만은 조금씩 진행하고 있다. 현이는 이제 친구들과 있을 때 하지 말아야 할 행동을 구분할 수 있고, 순간적인 감정을 조절하지 못해 발생하는 자잘한 일들에 대해서도 잘 알고 있다.

사회적으로도, 감정적으로도 아직 미숙한 아이지만 예전처럼 말이나 행동을 하나하나 지적하기보다는 현이가 스스로 깨닫고 고쳐 나가길 기다리고 있다. 현이가 나를 필요로 할 때까지는 조금 떨어져 지켜보려고 한다.

분명 힘든 시련이 찾아올 거다. 아마도 여느 아이보다 훨씬 빈번하게. 조금 더 자라 자신의 다름을 인지할 수도 있을 것이다. 그때가 되면 머리맡에 이 책을 가만 놔두려고 한다. 혼란스러울 현이에게 섣부른 위로의 말이 되레 상처가 될 수도 있음을 알기에.

힘든 일이 있을 때마다 아이의 일상을 기록했다. 그렇게 하나둘 쓴 글을 묶어 세상에 내놓게 되었다. 출간을 앞두고 걱정과 설렘 사이, 그 어딘가에 내가 있다. 현이가 그렇듯이 불확실한 경계 어디쯤에.

그래도 이것만은 확실히 말할 수 있다. 나는 너를 만나서 너무 행복했고 앞으로도 그럴 거라고. 우리가 가는 길이 멀고 험할지라도, 천천히 한 걸음씩 내딛자고. 분명 의미가 있을 거라고. 그 의미를 함께 찾아가자고.

PROLOGUE

혹독한 겨울이라도
때가 되면 봄이 찾아온다

초등학교 입학 즈음, 현이는 다른 사람의 표현이나 책에서 읽은 문장을 따라 하는 말버릇이 있었다. 앵무새처럼 보이지만 밑간을 하듯 살짝 바꾸어 말하는 데다가, 그 말이 상황과 맞아떨어지는 경우가 많아 눈에 띄지는 않았다. 언어를 배우는 데 모방과 암기가 필요한 만큼, 이 같은 능력을 언어적 강점이라 말할 수도 있을 것이다. 그런데 현이가 행동도 따라 한다는 것을 알게 되었다.

얼마 전, 어깨가 욱신거려 뜨거운 물을 받은 뒤 욕조에 누워 있었다. 거실에서 《WHY》를 읽던 현이가 욕실 안으로 들어왔다.

"내가 씻어 줄게."

현이는 바구니에 물을 담아 내 어깨 위에 끼얹어 주었다. 서너 번 반복하다 이젠 끝났다고 생각했는지 거실로 돌아갔다. 몇 분 뒤 현이가 다시 와서 이번에는 머리를 감겨 주겠다고 말했다.

"엄마, 내가 머리에 물을 뿌릴 테니까, 1부터 10까지 세면서 숨을 참아. 못 참을 것 같으면 꼭 손을 들어야 해!"

어디에선가 보던 대사와 장면이 떠올랐다. 이건 두 살 위 사촌 형과 함께 목욕하던 중 사촌 형이 한 말이었다.

"머리 감을 때는 눈을 감고 열까지 숨을 참아. 그다음에 물을 끼얹으면 돼."

그중 일부는 현이를 씻길 때 내가 하던 말이기도 했다.

"현이야, 네가 손을 위로 들면 엄마가 머리 감는 걸 멈출게."

뭔가 따뜻한 것이 목구멍까지 올라왔다.

나는 다정한 엄마는 아니었다. 대신 목표를 세우고 부지런히 달려가는 엄마. 마라톤 경주의 페이스메이커처럼 가야 할 방향과 속도를 가이드해 주는 사람. 현이를 사랑하고 항상 사랑한다고 말하지만 정이 뚝뚝 떨어질 만큼 살가운 감정을 표현하는 일은 드물었다.

일례로 현이와 함께 목욕을 해 본 적이 한 번도 없다. 그건 언제나 남편 몫이었다. 한두 살, 아주 어렸을 때도 목욕을 도왔을 뿐 목욕을 함께하지는 않았다. 현이와 제대로 놀아 준 적도 없었다. 대신 현이를 앞에 앉혀 놓고 노는 법을 가르쳤다. 뽀로로 피규어를 들고 "햄버거 먹어. 냠냠 쩝쩝. 아! 맛있다. 이번엔 주스 마셔"라고 말하며 역할놀이를 했을 뿐이다. 웃음 같은 것도 없었다. 그저 나에게 의무이자 숙제였다.

그런 현이가 다른 사람이 했던 친절을 모방하다니! 이와 비슷한 경험을 계속하다 보면 친절을 따라 하지는 않을까, 생각이 들었다. 마음에서 우러나오지는 않더라도 몸에 깊숙이 밴 습관처럼 말이다. 엄마의 목욕을 돕고 싶은 마음이 먼저였는지, 누군가 했던 행동을 따라 한 것인지는 중요하지 않다. 친절을 베풀었다는 것 하나만으로도 충분하다. 아이에게 친절한 나를 보여 주고 싶어졌다. 그러면 현이도 서서히 닮아 가지 않을까?

초등학교 2학년에 오르면서 숲 체험을 시작했다. 등산이 감각적으로 예민한 아이들에게 좋다는 사실은 익히 들어서 알고 있었다. 감각통합치료* 효과까지 있다고 할 정도다. 어린이집에 다닐 때만 해도 일정 없는 오후나 주말, 날씨 좋은 봄가을마다 산에 자주 올랐다. 코로나로 집에만 머물던 시절에는 어린이집 대신 산에 가기도 했었다. 작은 쉼터에 터를 잡은 고양이도 보고 김밥도 먹고 약수도 마시며 가볍게 트레킹을 했었다.

그러다 숲 체험 프로그램을 소개받았다. 두 분의 선생님과 대여섯 명의 아이들은 비가 오나 눈이 오나 바람이 부나 매주 숲으로 갔다. 돌멩이를 던져 살얼음을 깨고 맨발로 황톳길을 누비고 비가 온 후에는 흙바닥에 그림을 그렸다. 한여름엔 계곡물에 몸을 담그곤 했다. 바지가 흠뻑 젖은 채 산에서 내려오는 현이의 얼굴에는 장난기가 가득했다. 선생님이 공유하는 사진 속 현이는 자유로워 보였다. 나무가 우거지고 바람 소리가 일렁이는 숲속에 현이가 웃고 있었다.

현이가 자연을 닮았으면 좋겠다. 가을, 봄, 여름, 겨울. 낙엽이 지고 꽃이 피고 숲이 우거지고 하얀 눈으로 뒤덮인 산을 온몸으로 느낄 수 있기를 바란다. 혹독한 겨울이라도 때가 되면 꽃 피는 봄이 찾아온다는 사실을, 봄이 소중한 건 바로 그 전의 겨울이 있기 때문이고, 봄이나 여름이나 가을이나 겨울이나 모두 그 나름의 이유가 있다는 이치를 깨달았으면 좋겠다. 어떤 생명이든 존재할 가치가 있다는 믿음을 가르쳐 주고 싶다.

자궁외임신을 한 이후 다시 아이를 갖기 위해 직장을 그만두었다. 벌써 십 년, 지금도 가끔 회사에서 일하는 꿈을 꾼다. 꿈속에서 행복했던 것 같기도 하고 꿈을 깬 뒤 아쉬웠던 것 같기도 하고 ……. 두 돌을 몇 개월 앞두고 취업 준비를 하기 위해 어린이집을 기웃거렸다. 이력서를 쓰고 최종 면접을 보고 탈락 통지를 받은 뒤 차라리 잘됐다는 생각이 들었다. 아이를 놔두고 일할 엄두가 나지 않았으니깐.

만약 현이가 남다르지 않았다면 발달이 느리지만 않았다면 내 인생이 조금은 달라졌을까? 현이가 어렸을 때는 그런 생각을 못 했다. 이것저것 치료받으러 다니느라 바빴으니까. 도움이 될 만한 온갖 정보를 찾느라 정신없었으니까. 가끔 허무하다는 생각이 들기도 했다. 그래도 후회는 하지 않는다. 다시 돌아간다 해도 같은 선택을 할 테니까.

지금 다시 내 삶을 바라본다. 아이의 삶도 바라본다. 우리에게 맞는 길을 걸어가고자 한다. 독특하지만 보통의 아이처럼 평범한 일상을 만들어가는 우리의 삶을.

CONTENTS

추천사 신경다양성 아이의 흥미진진 일상을 엿보다 · 5
작가의 말 멀고 험할지라도, 천천히 한 걸음씩 · 8
PROLOGUE 혹독한 겨울이라도 때가 되면 봄이 찾아온다 · 11

Part 1 좌충우돌 학교라는 세계를 경험하다

학교는 전쟁터! 무기를 장착하다	· 23
다시 엄마 뱃속으로 들어갈 거야	· 28
화를 좀 덜 나게 해 주는 약	· 36
하나둘, 친구들이 멀어지다	· 42
85퍼센트 좋아하는 베스트 프렌드	· 49
엄마, 나를 죽여 줘	· 55
엄마는 너한테 많이 실망했어	· 63
그 자체로 가치 있는 존재	· 71
다름은 이상하지 않고 다양성이다	· 78
아이와 의논해 보고 하세요	· 84

Part 2 생애 첫 미션, 낯선 세상과 투쟁하다

2개월, 낯섦에 용을 쓰다	• 95
4개월, 자주 깨어 울다	• 97
6개월, 불러도 쳐다보지 않다	• 100
9개월, 사물에 관심이 많다	• 102
12개월, 행동을 따라 하지 않다	• 106
18개월, 좋아하는 것이 명확하다	• 108
24개월, 드디어 첫 말을 하다	• 111
30개월, 또래보다 발달이 느리다	• 114

Part 3   느리다 예민하다 독특하다

지켜야 할 루틴이 많아지다	• 121
찬송가 1장부터 100장까지 외우다	• 124
바라보는 것과 보지 않는 것의 차이	• 130
장난감 세상에 온 걸 환영해	• 135
이별은 싫고 죽음은 두렵고	• 143
성질 급한 완벽주의자의 시련	• 148
극도로 예민하거나 아주 독특하거나	• 155
편안하게 이끌어 주는 안내자	• 159
자발적 아웃사이더는 이제 그만!	• 166

Part 4   있는 그대로의 너를 인정하기까지

아이의 눈 흘김을 목격한 날	• 175
남다름을 일찍 알았다는 것은	• 179
조기 개입 시작, 적응하기까지	• 182
살아가기 위한 희망을 찾아서	• 186
독특하지만 또래의 보통 아이로	• 191

Part 5 독특한 아이를 키우는 마음가짐

진단명에 연연하지 않기	· 199
비교 금물! 강점 바라보기	· 206
명심하기! 훈육에 정답은 없다	· 212
계속 노력하되 걱정하지 않기	· 218
감사하기! 서툴지만 배우고 있다	· 223
아이를 믿고 응원하기	· 228

EPILOGUE 참 고귀한 존재, 너를 만나기까지 · 234

부록_ 독특한 아이를 키우면서 알게 된 것

조기 개입이 필요한 초기 신호 5가지	· 243
자폐스펙트럼장애 그리고 아스퍼거 증후군	· 247
다양한 감각 추구에 관한 사소한 생각	· 249
역시 조기 개입이 중요한 이유	· 251
검증된 치료 선택부터 전문가 찾기까지	· 253
월령별 요약 기록 그리고 진단 일지	· 256
낯선 용어 알아보기	· 260

Part 1

좌충우돌
학교라는 세계를
경험하다

우리가 세워야 할 목표는 아이를 고쳐서
'정상'으로 보이도록 만드는 것이 아니라
스스로 결정하는 능력을 키워서
자신의 삶을 통제할 수 있게 하는 것이다.
_ 배리 프리전트, 《독특해도 괜찮아》

학교는 전쟁터! 무기를 장착하다

장면 1. 입학식 전날

초등학교 입학을 앞두고 비장해졌다. 잔소리가 끊이지 않았다.

"너는 이제 초등학생이야. 선생님 말씀 집중해서 듣고 절대 흘려들으면 안 돼. 필통이나 책, 준비물 같은 건 꼭 챙기고 잃어버리지 마. 친구들에게 친절하게 얘기하고 소리 지르면 안 돼. 가능하면 네가 먼저 양보해. 네가 양보하면 친구도 양보할 테니까."

먼저 양보하라는 말은 간단해서 좋았다.

"네 마음도 중요하고 네가 하고 싶은 대로 할 수도 있지만 그러면 친구들이 불편할 수 있으니 친구 말도 들어 줘야 하고······."

이런 식의 설명은 아이에게 맞지 않았다. 양보야말로 아이가 튀지 않는 유일한 방법이었다. 학교는 우리에게 전쟁 같은 곳, 장착해야 할 무기가 많았다. 현이에겐 더 많은 무기가 필요했다.

장면 2. 입학식 당일

"와! 흥미진진한데?!"

학교 운동장에 사람들이 잔뜩 모여 있는 것을 보고 흥분한 현이가 말했다. 남편은 이런 데서 크게 말하면 안 된다고 주의를 주었다. 정작 나도 문어체 같은 말투가 거슬렸지만 현이를 주눅 들게 하는 남편의 말도 듣고 싶지 않았다. 나는 고개를 숙였다.

학교를 마치고 온 현이의 책가방에 필통이 들어 있지 않았다. 첫날부터 잃어버린 건가? 교실에서 필통을 사용한 적이 있는지 물었고 현이가 그런 것 같다고 대답하자 언성이 높아졌다. "엄마가 잘 챙기라고 했지"에 이어 남편은 "이제 어떡할 거냐!"라며 나무랐다. 결국 교실에 필통이 있는지 물을 요량으로 학교에 전화를 했다. 담임 선생님 답은 예상 밖이었다. 필통을 교실에 놔두고 다니라고 했다는 것이다. 입학식 첫날부터 별것 아닌 일로 선생님께 연락한 나 자신이 부끄러웠다. 불편한 마음은 다시 현이를 향했다. 이번에는 왜 그런 말을 하지 않았느냐고, 필통을 놔두라는 선생님 말씀을 잊어버린 거냐며 핀잔을 주었다. 현이가 말했다.

"사람이 너무 많아서 잊어버렸어."

남편과 나는 학창 시절 모범생이었다. 우리는 현이가 우리와 다르다는 것을 알면서도 뛰어난 학습 능력으로 이 모든 걸 습득하리라 믿었다. 아무 도움도 되지 않을 낙관성을 버리지 못했다.

입학식 날 내내 기분이 좋지 않았다. 학교 준비물로 크레파스가 필요하다는 말을 듣고 밖에 나가고 싶지 않다는 현이를 억지로 데리고 나섰다. 놀이터에서 놀고 싶다는 현이에게 준비물을 먼저 사야 한다고 대꾸했다. 집으로 오는 길, 같이 시소를 타자는 말에는 그네 타는 것부터 연습하라고 볼멘소리를 했다. 초등학교 1학년이 되도록 현이는 혼자서 그네를 타지 못했다. 한두 번 그네를 타다 생각대로 되지 않아 눈물을 보인 현이를 향해 "될 때까지 연습해야지. 네가 지금 연습한 거니?"라며 매몰찬 말을 던졌다.

즐거운 입학식의 추억을 남기고 싶었는데 실패했다. 나는 친정으로 도망쳤다. 우리 가족은 할머니 할아버지와 저녁을 먹으며 비로소 입학 비슷한 기분을 낼 수 있었다. 현이는 더하기, 빼기, 심지어 곱하기까지 계산 신공을 펼치며 할머니 할아버지를 놀라게 만들었다. 놀이터에서 그네를 타지 못해 찡그리던 현이가 손가락으로 셈을 하며 해맑게 웃고 있었.

나는 네게 무엇을 가르쳐 주려고 그네 타기를 강요했던 걸까? 가르쳐 주지 않아도 이렇게 잘하는 게 많은 아이인데.

장면 3. 등굣길

학교 가는 길, 현이가 말했다.

"사람들이 정말 많습니다."

"그럴 땐 사람들이 정말 많아, 라고 말하는 게 좋아."

상황에 맞기는 하지만 갑자기 튀어나온 문어체 문장을 또 지적했다.

"내 마음대로 하고 싶어."

"그러면 사람들이 이상하게 생각할 거야."

앞서가던 친구를 향해 달려가면서도 끝내 친구 이름을 부르지 못하는 현이. 들뜬 마음에 괜스레 "우왕" 동물 같은 소리만 냈다.

"그럴 땐 반갑다고 얘기해야지. 아니면 신난다거나."

현이는 맨 앞으로 달려가 일등을 차지하려다 친구가 움직이지 않자 원래 있던 자리로 돌아왔다. 나는 현이의 손을 꽉 잡았다.

"기분이 너무 좋을 땐 숨을 크게 쉬면서 열까지 세어 봐. 그런 다음에 말해 보자."

현이는 내 눈을 바라보지 않았다. 주변을 살피느라 움직이는 눈동자만 부산스러웠다. 듣고 싶지 않은 말이 나올 때마다 현이가 짓는 표정이다. 나는 현이를 가볍게 포옹한 뒤 잘 가라고 다독이며 헤어졌다.

마음이 단단하지 못해서인지 자꾸 속이 쓰렸다. 사소한 행동 하나에 지레 겁먹는 나 자신이 보였다. 조바심을 떨치지 못해 억지로 눈을 맞추며 무언가 가르치려 드는 나 자신이.

엄마도 학교는 처음이야. 여유를 가져도 괜찮아.

다시 엄마 뱃속으로 들어갈 거야

아침에 일어나 밥 먹고 세수하고 가방 메고 학교 가는 길, 삼십여 분 되는 그 짧은 시간에도 여러 고비가 있다.

"책 보지 말고 아침 먹어."

대여섯 번은 하는 말이다.

"밥 먹었으면 바로 세수하고 양치질해."

역시 비슷한 빈도다.

"서둘러, 학교 늦겠어."

이건 아마 예닐곱 번쯤?

"학교에 놔두고 온 알림장, 물통, 공책 등등 잊지 말고 꼭

챙겨서 와."

이건 하루걸러 한 번 정도 발생한다. 이것저것 준비하느라 바쁜 엄마와 달리 느긋하게 앉아 《WHY》나 《마법천자문》을 읽고 있는 현이를 보면 화가 날 때도 있고 화를 누를 때도 있다.

시간 맞춰 집에서 나오면 일단 성공인데 같은 아파트 단지에 사는 친구들을 만나면 이야기가 달라진다. 대여섯 명 정도 무리 지어 등교하는 아이들과 엄마들이다. 놀이터에서도 자주 만나고 생일 초대도 하는, 서로 잘 아는 사이지만 이들과 함께 등교하는 건 불편하다. 현이가 친구들과 어울리지 못하기 때문이다.

나는 어느 정도 간격을 유지하고 싶지만 현이는 저만치 보이는 친구들을 향해 뛰어가거나 우리보다 한참 뒤에서 걸어오는 친구들을 기다리곤 한다. 그렇게 친구들을 마주친다. 반갑게 서로 알은체라도 하면 좋으련만 눈인사를 건네는 건 엄마들 몫이고 그다음엔? 끝이다. 현이가 있든 말든 상관없는 초등학교 남자아이들의 시크함이란. 현이 또한 적극적으로 나서지 않는다. 친구들과 이야기하기 위해 발걸음도 맞추지 않는다. 이런 와중에 환영 소리를 유발하는 존재도 분명 있다. 얼마 지나지 않아 한 친구가 두 팔을 흔들며 다가오자 다들 약속이라도 한 듯 이름을 부른다. 현이가 조용히 혼잣말을 한다.

"나도 여기 있지!"

아무도 듣지 못했을 것이다. 오로지 나만 현이를 바라보고 있었으니까. 결국 친구들 사이에 끼지 못한 채 현이가 내 곁에 선다. 살짝 텐션이 올라간 게 느껴진다. 뜬금없이 상황에 맞지 않은 말을 시작한다.

"엄마, 피부에는 표피와 진피가 있대."

아마도 《WHY》에서 본 내용일 것이다. 나는 가만히 고개만 끄덕거린다.

엄마의 예민함은 플러스가 될 때도 있고 마이너스가 될 때도 있다. 사소한 일에 의미를 부여하지 말아야지 하면서도 속상함이 밀려온다. 등굣길 무리 중 맞는 친구가 없을 수도 있다고 생각하지만 홀로 가게 될 것을 알면서도 굳이 친구들을 향해 달려가는 현이를 나는 이해하지는 못하겠다. 답답한 마음에 목소리가 차가워진다.

"친구들이랑 가려고 했잖아. 왜 같이 안 가니?"

내가 하는 말을 들었는지 못 들었는지 현이는 대답도 하지 않은 채 갑자기 마스크를 벗어젖힌다.

"마스크 써."

꼼짝도 하지 않는 현이.

"마스크 쓰라고."

아무런 대꾸가 없다.

"너 감기 걸려서 마스크 써야 돼."

여러 번 말하고 난 뒤에야 비로소 마스크를 쓴다. 친구들은 이미 저만치 앞서가 있다. 또다시 친구들을 뒤쫓으러 가려는 현이에게 괜스레 부아가 치민다.

"왜 자꾸 친구들한테 가? 너는 환영받지도 못하잖아."

현이는 아무 말 없다.

"친구들이 너랑 같이 안 가는 이유가 뭔지 아니? 네가 하고 싶은 말만 하기 때문이야. 너는 다른 사람 말을 듣지 않잖아."

결국 짜증이 터져 버렸다. 비아냥거리는 내 목소리.

"할 말이 없으면 가만히 다른 사람 말을 듣고 있으라고."

잔뜩 화가 난 현이가 말한다.

"다시 엄마 뱃속으로 들어갈 거야."

"그건 불가능해."

"왜 불가능해? 칼로 찢어서 들어가면 되지."

"그러면 엄마가 죽을 거야. 그런 말은 하지 말라고 했잖아."

"짜증나 죽겠네."

우리의 등굣길은 한차례 쓰나미로 마무리된다.

조용히 자신이 갈 길을 가면 좋으련만. 가다가 친구들과 마주치면 눈인사 건네는 정도로 마무리하면 좋으련만. 현이는 여전히 등굣길 친구들을 찾는다. 이런 광경은 아예 보지 않는 게 낫겠지만 아이들과 동행하는 엄마들이 있어 등굣길 분리를 미룬다. 다른 엄마들 앞에서 눈에 띄는 행동이나 말을 할까 봐. 누군가 현이에 대한 낙인을 찍을까 봐.

"뜸을 들이다."

어렸을 적 내가 자주 듣던 말이었다.

"나중엔 집에 가기 싫다고 조를 거면서 만나자마자 바로 놀면 얼마나 좋니. 무슨 애가 그리도 뜸을 들이니?"

주로 외갓집에서 친정엄마가 하던 말이었다. 방학 때마다 방문하는 할머니 댁에는 동갑내기 사촌과 한 살 터울 사촌 동생이 있었다. 여자 형제가 없어 혼자서 조용히 지내던 우리 집과는 달리 자매의 끝없는 수다로 가득 찬 외갓집은 내게 신세계였다. 동갑내기 사촌과는 마음도 잘 맞아 생전 가보지 않던 만화방도 가고 비디오도 빌려 봤다. 나는 외갓집을 좋아했다. 즐거웠다.

그런데 늘 처음 한두 시간은 아무 말도 하지 않고 엄마 옆에 꼭 붙어 앉아 있곤 했다. 숙모가 건네는 말에 겨우 몇 마디 대답만 할 뿐이었다. 자매가 나를 모른 척한 것은 아니었다. 내게 말도 걸고 같이 놀자고 했을 것이다. 그런데 나는 언제나 쭈뼛거렸다. 왜 그랬던 걸까?

또다시 등굣길, 현이가 "친구들 어디 있어?"라고 물었다. 마침 저 앞에 친구들 무리가 보였다. 나는 서둘러 가면 따라잡을 수 있을 거라고 말했다. 그런데 웬일인지 현이가 친구들 옆에 도착했으면서도 내 곁을 떠나지 않았다.

"아까는 친구들 찾았잖아. 궁금해서 그러는데 같이 갈 게 아니면서 친구들은 왜 찾았니?"

"부끄러워서."

현이가 대답했다.

집으로 돌아가는 길, 문득 "너는 왜 그렇게 뜸을 들이니?"라고 말하던 친정엄마가 생각났다. 뜸을 들이다. 나는 무릎을 탁 쳤다.

"네가 뜸을 들이는 거였구나. 그래서 유독 친구들에게 다가가지 못했구나."

생각해 보니 친구들과 어울리지 못하는 모습은 등굣길에 국한되었다. 하굣길 모습은 조금 달랐다. 현이는 친구들에게 제법 말도 걸고 "같이 놀 수 있어?"라고 묻기도 했다.

뜸을 들이다.

어쩌면 내가 생각한 이유가 진짜가 아닐지도 모른다. 그래도 나는 현이를 이해할 수 있는 실마리를 찾은 것 같아 기뻤다.

현이를 보며 나 자신을 찾아간다. 탈 많은 어린 시절을 보낸 것은 아니었지만 나는 나름대로 고민 많은, 소심한 아이였다. 아빠는 너무 바빠서 가족과 함께 있는 시간이 거의 없었다. 피곤함에 지친 아빠는 대체로 무관심했지만 때때로 짜증을 냈다. 이유는 한 가지, 당신이 찾는 물건이 제자리에 없을 때. 나는 아빠에게 혼날까 봐 가위나 스카치테이프 등을 제자리에 놓았다.

엄마는 다른 의미에서 바빴다. 할머니 할아버지를 환갑 가까이 모셨던 엄마는 당신 마음대로 할 수 있는 일이 별로 없었던 것 같다. 엄마는 큰 소리가 나지 않는 사람이었다. 바다 같은 사람, 모든 걸 포용하는 사람. 반면 나는 욕심 많고 지기 싫어하는 아이였다. 엄마는 그런 나를 보며 유별나다고 얘기했다. 그 말이 서운했다. 나는 아빠의 지적을 받지 않기 위해, 엄마의 인정을 받기 위해 애쓰는 아이가 되었다.

현이를 보면 그동안 감추었던 나의 맨얼굴이 나타난다. 나는 지기 싫어한다. 나는 거절을 받아들이지 못한다. 나는 쉽게 상처받는다. 나는 감정 기복도 심하고 눈치도 별로 없다. 다른 엄마들과 신나게 떠들다가 집에 와서 그 말을 왜 했나 후회한 적도 많다. 지금까지는 학교나 사회에서 갈고닦은 여러 경험 때문에 어떤 말을 해야 하고 하면 안 되는지 알고 있지만 가끔 나는 직설적으로 내가 하고 싶은 말을 내뱉는다.

이제 내게 유난스럽다고 말하는 사람은 없다. 그런 말을 듣더라도 더 이상 상처받지 않는다. 많이 단단해졌다. 마음이 시키는 대로 따르면서 자유를 느낀다. 해방된 것 같다. 살아 있는 것 같다. 현이를 통해 오래전 나를 찾아간다.

너의 뜸 들임도 지켜봐 줘야지. 왜 그러냐고 묻지 말고 그럴 수 있다고 인정해 줘야지.

화를 좀 덜 나게
해 주는 약

현이가 두발자전거를 배울 때였다. 쓰러질 듯 말 듯 자전거를 타고 가다가 나이 지긋한 할아버지와 마주치는 바람에 자전거가 아슬아슬하게 멈췄다. 서로 부딪히지는 않았지만 자전거가 휘청했다. 현이가 짜증스럽게 소리쳤다.
"왜 내 길을 막는 거야?"
뭐라 말릴 새도 없이 할아버지가 성난 목소리로 말했다.
"이놈아! 나는 내 길을 가고 있었다!"
나는 앞서가는 현이를 붙잡았다. 현이가 씩씩거리고 있었다.
"엄마가 조심하라고 했지?"

"나도 가서 나쁜 말 할 거야."

할아버지를 따라나서려는 현이를 잡으며 말했다.

"그러면 더 혼날 거야. 네가 먼저 그 할아버지에게 나쁘게 말했잖아."

말은 부메랑과 같아서 네가 예쁘게 말해야 다른 사람도 예쁘게 말한다는 식의 강의가 시작되었다. 나도 화가 났고 현이도 화가 났다. 현이와 조금 떨어져 걷기 시작했다.

얼마 지나 현이에게 조금 전 상황을 설명하고 그럴 땐 죄송하다고 말하는 게 맞는 거라고 가르쳤다. "이놈아!"라고 말한 할아버지도 어른답지 않았지만 네가 먼저 화내지 않았으면 일어나지 않았을 일이라고 덧붙였다. 그렇게 말하면서도 속이 답답했다.

"제 아이가 장애가 있어서요."

가끔은 이 말이 목구멍까지 올라온다. 우리 애는 어쩔 수 없으니까 당신이 제발 이해해 줘, 와 같은 억울한 심정이 들기도 한다. 타인에 대한 칼날이 결국 나를 향하는지도 모르고, 나는 세상을 향해 자꾸 대들고 싶다. 애가 원래 이렇다고요, 그래서 어쩔 건데요? 다른 이에게 연민을 구걸하고 싶은 마음도 없진 않을 것이다. 나도 최선을 다하고 있으니까,

제발 나를 건드리지 말아 줄래?

혹시라도 자포자기한 마음에 나 자신을 무너뜨리는 언행을 피하기 위해 위급 시 매뉴얼 같은 말을 준비해야겠다.

'아이에게 부족한 점이 많습니다. 그래서 계속 가르치고 있습니다.'

상대방을 자극하지 않으면서 품위를 잃지 않는 말을.

"네가 얼마나 잘 자랐는지 보려고 가는 거야."

반년에 한 번 분당서울대학교병원에 방문하고 있다. 병원에 가는 일은 늘 긴장이 됐다. 진료 날짜가 다가올수록 가슴이 두근거렸다. 이번엔 어떤 질문을 하고 또 어떤 대답을 들을까? 한편으론 그동안 궁금했던 점을 물어볼 기회이기도 했다.

"요즘 특별히 문제 되는 게 있나요?"

의사 선생님 질문에 나는 아이가 감정을 잘 조절하지 못한다고 대답했다. 짜증을 내지 않아도 되는 상황에도 크게 화를 내는 경우가 많다고.

"약물로 조절할 수도 있지만 그건 상태를 좀 지켜보고 기다려 봅시다. 사회성을 기를 수 있는 수업을 통해 고칠 수 있는 건 고치도록 하고요."

갑작스레 나온 약물이란 단어에 뜨끔했다. 약물치료를 의도하고 한 발언이 아니었으니까. 나는 그 정도로 심각한 것 같지는 않다고 대충 얼버무리고 진료실을 나왔다.

"선생님이 약 얘기를 해서 깜짝 놀랐어,"

집으로 가는 차 안에서 남편과 이야기를 했다. 뒷좌석에 있던 현이가 물었다.

"엄마, 그 약이 뭔데?"

"음 ……. 화를 좀 덜 나게 해 주는 약?"

"나, 그 약 먹고 싶어."

예상치 못한 대답에 되물었다.

"왜 그 약이 먹고 싶니?"

"약을 먹으면 화도 안 나고 짜증도 안 내고 예쁜 말만 할 수 있잖아. 엄마 아빠한테 혼나지도 않고."

"약을 먹지 않고도 그렇게 할 수 있을 거야. 우리가 연습하지 않아서 그래. 엄마랑 같이 연습해 보자."

뭐라고 더 말해야 할지 고민하는 사이 현이가 도로에 등장한 흔치 않은 우회전 신호등을 보며 화제를 옮겼다.

"우와! 우회전 신호등도 있네? 진짜 신기하다."

나는 최악의 상황을 예상하여 미리 대비하는 우울한 기질을 가진 사람이지만 가끔은 헛웃음이 나올 정도로 낙관적인 면모를 보일 때가 있다. 현이에 관해서도 그렇다. 나는 현이가 이 정도로 잘 자라 준 것이 감사하고 기쁘다. 거짓말 하나 안 보태고 축복처럼 느낄 때도 있다. 네가 남달라서 나는 너를 더욱 유심히, 더 깊고 더없이 소중하게 바라보는구나. 너를 바라보면서 내 안의 나를 찾아가는구나. 그러면서도 누군가의 말 한마디, 사소한 일 하나 때문에 나락으로 떨어지곤 했다. 약물이란 단어 하나에 흔들리는 내 모습이 씁쓸한 뒷맛을 남겼다.

약은 최후의 보루였다. 학교에서 다른 이들에게 방해가 될 정도로 문제가 된다면 그때 어쩔 수 없이 선택하는 게 약이라고 생각했다. 약이 필요한 경우도 분명 있을 것이다. 부정적 피드백을 지속적으로 받으면서 자존감을 무너트리는 것보다는 약물을 통해 격한 정서적 반응을 가라앉히는 게 나을 수도 있으니까. 문제는 약물치료가 아직까지 내 선택지에 없다는 것이다. 아이에게 맞는 약을 찾는 과정의 고단함과 식욕 부진, 만성 피로 같은 부작용도 이유에 있었으나 일단은 약 없이 해 보고 싶었다. 언젠가 중단해야 할 약을 굳이 시작하고 싶지 않았다.

그런데 여기, 화가 나지 않는 약을 먹고 싶어 하는 아이가 있다. 그런 현이가 애잔하다. 마음을 주고받는 게 어려운 아이지만 그렇다고 감정을 느끼지 못하는 건 아니다. 감정을 언어로 적당한 선에서 표현하는 것이, 예측 불가한 상황에서 어떤 반응을 보여야 할지 알지 못하는 것뿐이다. 그뿐이다.

하나둘,
친구들이 멀어지다

　　　　같은 아파트 단지에 사는 친구의 생일에 초대를 받았다. 엄마의 친분이 절반 이상인 자리, 마냥 반갑지만은 않았다. 현이가 문제를 일으켜 분위기를 망칠까 두려웠다. 온라인 커뮤니티에 누군가 쓴 글도 가슴을 후벼 팠다.

"아스퍼거 증후군 진단을 받은 아이들에게 단체생활 같은 유해한 환경은 추천하지 않습니다."

확고한 이 문장에 또 긴 밤을 헤맸다. 이 말은 내게 "친구들이 많이 모이는 생일 파티 같은 이벤트도 추천하지 않습니다"로 다가왔다. 다양한 사회적 상황을 마주하고 갖가지 상황에 맞는 행동을 가르쳐야 하지만, 이 같은 동기와 달리 부정적인 피드백만 주는 결과로 끝날 때도 많았으니까.

고민 끝에 참석한 생일 파티. 친구의 엄마는 아이들이 뛰어놀 수 있는 공간을 빌려 곳곳에 헬륨 가스를 가득 채운 풍선을 띄웠다. 하늘색, 하얀색, 핑크색 풍선이 떠 있는 모습에 잠시 설레긴 했다. 아이들은 그 자체만으로도 기분이 들떠 이리저리 뛰어다녔고 엄마들은 한쪽에 모여 앉아 숨을 돌리고 있었다.

작은 잔치 같은 분위기에 취하는 것도 잠시, 현이로 인한 자잘한 소란이 끊이지 않았다. 한 아이는 현이가 풍선으로 자신을 때렸다며 달려왔다. "야! 하지 마"와 같은 귀에 익숙한 앙칼진 소리도 들려왔다. 가끔 "이 녀석!"이란 말도 들렸다. 보다 못한 내가 현이에게 다가가 말했다.

"친절하게 말해야지. 친구들과 사이좋게 지내려면 소리 지르거나 때리면 안 돼. 이번이 경고 한 번이야. 경고 세 번이 되면 바로 집으로 가는 거야."

계속 주의를 주었음에도 아이들의 불평 소리가 끊이지 않

우리가 할 수 있는 건
한두 명의 아이들과 경험을 쌓는 것.
조금씩 천천히 시도해 보는 것.
그래도 지칠 땐 가만히 지켜보자.

왔다. 다른 아이의 이름이 불릴 때도 있었지만 현이의 잘못을 지적하는 소리가 몇 배로 크게 들렸다. 나는 아예 현이 옆에 자리를 잡고 가만히 지켜보았다. 현이는 다른 아이들과 말을 주고받지 않았다. 현이가 할 수 있는 말은 "너 이거 할 수 있어?"나 "나 이거 잘한다!"와 같이 친구의 능력을 은근히 떠보거나 대놓고 자기 자랑을 하는 정도에 그쳤다. 리더십 있는 누군가의 말에 수긍하듯 보이다가도 자기 멋대로 행동하며 눈총을 받았다.

반복되는 지적으로 인한 낙인 효과. 조용히 주의를 주려고 노력했지만 우리 둘 사이의 무거운 공기는 소리 없이 퍼져나갔다. 얼굴이 굳은 나와 뾰로통한 표정의 현이. 아무래도 무리였나 보다. 한두 명도 아니고 대여섯 명의 또래와 한 공간에서 어울리는 것은.

나는 현이를 데리고 조용한 곳으로 자리를 옮겨 마지막 경고를 했다. 그 말이 듣기 싫어 다른 쪽으로 가려는 현이의 손목을 세게 잡았다.

"네 마음대로 하고 싶으면 혼자 놀아. 네가 친구와 함께 놀고 싶으면 엄마 말을 들어. 친구를 불편하게 하는 행동은 하지 말아야 해."

이후로도 여러 사소한 일들이 발생했지만 현이는 아슬아슬하게 모임의 끝에서 인사를 나누고 헤어졌다. 집으로 돌아와 현이를 씻기려다 꾹꾹 눌렀던 화가 폭발했다.

"친구들에게 소리 지르면 안 돼. 친구들이 너를 싫어할 거야. 학교에서 친구들이 너랑 놀자고 한 적 있니? 없지? 왜 그런지 알아? 그건 너를 싫어해서 그런 거야."

 나는 그동안 있었던 일을 모조리 떠올리며 날 선 말을 퍼부었다. 실제로 하나둘, 친구들이 멀어지고 있었다. 같은 학원에 다니는 아이는 이제 더 이상 현이와 얘기를 나누지 않는다고 했다. 하굣길에 만난 같은 반 친구도 서로 알은체하지 않는다. 머리가 굵어질수록 아이들은 자신에게 맞는 친구들을 찾아간다. 엄마의 개입도 기껏해야 초등학교 저학년 정도다.

 다음 날 아침 일어나자마자 현이가 지켜야 할 규칙을 노트에 적었다. 이미 수십 번 말로 설명한 것들이었다. 친절하게 말하는 1단계부터, 살짝 강하게 말하는 2단계, 화가 났다는 것을 알리는 3단계까지, 소리의 크기에 따라 말하는 단계도 구분했다. 말로만 하는 것보다는 글이 나을 것 같아 현이를 옆에 앉히고 규칙 세 가지를 함께 읽었다.

규칙 1   친구를 밀거나 꼬집거나 때리지 않기

규칙 2   1단계로 친절하게 말하기. 1단계로 말해도 안 되면 살짝 강하게 말하는 2단계, 2단계로 안 되면 그보다 크게 말하는 3단계. 그것도 안 되면 선생님이나 엄마에게 알리기

규칙 3   친구들과 싸워 이기지 말고 어제의 나와 싸워 일등하기

세 번째 규칙은 일등에 집착하는 현이를 위해 특별히 고안한 방법이었다. 사람들은 모두 다르고 잘하는 것도 못 하는 것도 각기 다르니, 친구들과 싸워서 이기는 건 중요하지 않다고 말하곤 했다.

"어제의 너와 싸워 이겨. 그럼 너는 진짜 일등이 되는 거야."

이 논리는 어느 상황이든 변하지 않을 것 같았다.

또래와 모이는 자리가 생길 때마다 고민하곤 했다. 사회성을 키우기 위해 함께 시간을 보내는 일도 소중하지만 혹시나 다른 친구들을 불편하게 만들까 봐 신경이 곤두섰다. 현이가 계속 지적받는 상황도 마음에 걸렸다. 행동을 제지할

때마다 내가 하는 말도 점점 거칠어졌다. 결국은 상처를 주는 말들. 이게 과연 사회성을 가르치는 데 도움이 될까? 오히려 현이가 움츠러드는 건 아닐까? 친구를 만드는 게 아니라 친구를 잃어버리는 게 아닐까?

"사회성을 기르기 위해 다른 아이들과 무조건 많은 시간을 보낸다고 생각하지 마세요. 한두 명의 아이들과 시간도 길지 않고 짧게, 가능한 한 현이에게 편안한 홈그라운드에서 시작하셔야 합니다."

사회성 그룹 선생님의 조언이었다.

누구에게나 사랑받는 '인싸'가 되길 원한 게 아니었다. 친구 한두 명만 있으면 소원이 없겠다 싶었다. 이런 바람조차 무리인지 모르겠다. 내가 힘들여 노력할수록 그 결과가 허무할수록 나는 상처를 받을 테니까. 기대치를 낮춰야 한다. 적정선을 찾아야 한다.

우리가 할 수 있는 건 한두 명의 아이들과 경험을 쌓는 것. 조금씩 천천히 시도해 보는 것. 그래도 지칠 땐 가만히 지켜보자. 마음속 거센 바람이 지나갈 때까지.

85퍼센트 좋아하는 베스트 프렌드

어린이집 시절부터 단짝처럼 놀던 친구가 있었다. 일곱 살 인생 통틀어 최고로 좋아하는 친구였다. 지금도 같은 초등학교에 다니지만 반이 달라 하굣길에서만 가끔 마주치는 귀하고도 귀한 존재. 눈에서 멀어지면 마음에서도 멀어질 것 같은데 현이는 잊을 만하면 친구의 이름을 말했다.
"너는 친구 중에 누가 제일 좋아?"
"김윤우."
"윤우는 너희 반도 아니잖아. 잘 만나지도 못하고. 그런데 왜 좋아?"

"오래전 같이 놀던 기억이 마음속에 남아 있어서."

자폐스펙트럼 아동의 기억력이 특출하다는 글을 읽은 적이 있다. 과거의 고통스럽던 기억이 선명하게 다가와서 힘들 수 있다고. 그 글의 주제는 자폐스펙트럼 아동의 스트레스에 관한 것이었는데 현이는 지금 기분 좋았던 한때를 이야기하고 있었다. 현이에게 즐거운 추억을 만들어 주고 싶다. 마음속에 남아 있다는 말이 지금 내 마음속에도 고스란히 남아 있다.

현이는 어려서부터 유독 윤우를 좋아했다. 자기 말을 잘 들어줘서 편하다고 했다. 종이에 윤우 이름을 쓰고 '사랑해'라고 적을 정도였다. 윤우는 사실상 현이의 첫 친구, 어린이집 앞 나란히 놓인 두 아이의 킥보드만 봐도 마음이 설렜다. 놀이터에서 만나면 서로의 이름을 부르며 달려 나갔다. 너에게 이런 친구가 생기다니!

학교를 마치고 집으로 오는 길, 우연히 윤우를 만났다.

"너는 내 베스트 프렌드야."

뜬금없는 말에 윤우가 머뭇거리자 내가 거들었다.

"자기가 아는 친구 중에 일등으로 좋대."

"너는 85퍼센트로 일등이야."

가끔 친구에 대해 얼마만큼 좋아하는지
퍼센트로 설명하며 이야기를 나누곤 했었다.
이 친구는 85퍼센트, 저 친구는 60퍼센트.
현재로선 85퍼센트가 최고점이었다.

현이가 재차 강조했다.

가끔 친구에 대해 얼마만큼 좋아하는지 퍼센트로 설명하며 이야기를 나누곤 했었다. 이 친구는 85퍼센트, 저 친구는 60퍼센트. 사실 100퍼센트 좋아하는 친구는 없었다. 현재로선 85퍼센트가 최고점이었다.

한바탕 눈이 내린 겨울날, 두 아이가 서로에게 눈을 흩뿌리며 걷고 있었다. 그때 현이가 살짝 미끄러졌다. 다행히 넘어지지는 않았지만 현이가 윤우를 향해 으름장을 놓았다.

"김윤우, 너 때문에 미끄러졌잖아. 이 녀석!"

나는 곧장 달려가 안 다쳤으니 괜찮다고 말했다. 윤우는 눈을 휘둥그레 뜬 채 가만히 서 있었다. 나는 윤우를 데리고 앞으로 걸어갔고 현이는 살짝 울먹인 채 뒤에 서 있었다. 상황을 보지 못한 윤우 할머니가 윤우를 되레 나무라려고 하자 내가 말렸다.

"혼자 넘어져서 속상해서 그래요."

현이는 계속 구시렁대면서도 윤우를 뒤따라왔다. 실제로도 눈 내리는 길을 걸었지만 진짜 살얼음판을 걷는 기분이었다. 현이의 화가 어떻게 뻗을지 알 수 없었으니까. 즐겁게 놀았던 기억이 마음속에 남아 있는 친구를 잃게 만들고 싶지 않았다. 나는 걸음을 재촉했다. 혹여 화를 돋울까 현이에게 아무 말도 하지 않은 채. 다행히 큰일은 일어나지 않았다. 마지막 순간 현이는 "잘 가"라고 인사하며 윤우와 헤어졌다.

"윤우에게 복수할 거야. 나를 넘어뜨리다니."

헤어지자마자 현이는 그동안 참았던 말을 내뱉었다.

"윤우가 밀쳤니?"

"아니."

"그럼 윤우 때문이 아니야. 바닥이 미끄러워서 그런 거야."

"윤우가 나한테 눈을 뿌렸잖아."

"너도 마찬가지잖아. 서로 장난치다가 우연히 그렇게 된 거잖아. 그건 윤우 잘못이 아니야. 복수는 하지 않아도 돼. 복수를 하면 윤우를 잃어버릴 거야."

"그럼 복수 안 할게. 미안하다고 사과할게."

"이미 늦어서 미안하다고 사과할 수는 없어. 다음부터는 화내지 말고 친절하게 얘기해 줘. 미끄러져서 놀랐다고."

현이에게 "그럴 땐 놀랐다고 해야 하는 거야"라고 거듭 말했다. 더 강조할 수도 있었지만 뒷말은 아꼈다.

"엄마 때문에 그런 거야!"

뭔가 잘못될 때마다 다른 사람을 탓하는 것은 현이의 버릇이었다. 도대체 왜 이런 반응이 나올까? 도저히 이해하기 힘든 적도 많았다. 그러다 문득 어떻게 말해야 하는지 몰라서 그런 게 아닐까 하는 생각이 들었다. 이후로는 각각의 상황에 따라 현이가 해야 할 말을 가르쳐 주기 시작했다.

"그럴 때는 놀랐다고 하는 거야."

사회성 그룹 선생님은 현이의 감정도 한번 짚어 보고 다른 사람의 감정도 솔직하게 알려 주면 좋겠다고 조언했다.

"네가 놀라서 그런 거구나. 그런데 윤우도 네가 소리 질러서 당황했을 거야. 엄마도 많이 놀랐거든."

아이도 그렇지만 엄마도 연습이 필요하다. 담담하게 감정을 전할 수 있는 말 연습이.

엄마, 나를 죽여 줘

　　　　　　현이의 문장은 조리 있지 않지만 아름답다. 우주에 대해 설명할 때면 나는 우주가 낭만적이란 생각마저 든다. 광활한 우주, 인간이 닿을 수 없는 미지의 세계. 그 속에서 인간은 이름도 없이 사라지는 작고 작은 세포 한 덩어리에 지나지 않는다.

　천문학에 관한 것이라면 무엇이든 자신에게 물어보라는 현이. 이름도 낯선 행성에 대해 말할 때면 현이의 눈이 반짝인다.

　"엄마, 우주에서 가장 큰 별이 있는데 그 별의 이름은 스티

븐슨이래. 그 별이랑 태양을 비교하면 태양은 먼지보다 작아서 눈에 보이지도 않을 정도래."

이렇게 영특한 아이가 사소한 일 하나에 생과 사를 오간다.

차를 타고 이동할 때 현이는 안전벨트를 잘 매지 않았다. 네댓 살 때는 안전벨트를 매지 않으면 큰일 날 것처럼 굴더니 조금 크자 안전벨트를 매지 않았는데도 맸다고 거짓말을 했다. "안전벨트 맸어?"라는 말에 "응, 맸어"라고 대답하지만 나중에 확인하면 그렇지 않은 경우가 여러 번. 신호 대기 틈에 뒤를 봐야만 그제야 안전벨트를 맸다.

"차를 탈 때는 안전벨트를 매야지. 그건 약속이야. 네가 약속을 지키지 않으면 엄마도 약속을 지키지 않을 거야."

"지금 안전벨트 맸어."

이렇게 서너 번 반복하다 보면 나도 짜증이 났다. 발달센터에 가는 길, 결국 현이에게 간식을 사 주지 않겠다고 으름장을 놓던 날이었다.

출발한 지 십여 분, 안전벨트를 매지 않고도 마치 맨 것처럼 벨트를 손으로 잡고 있던 현이를 향해 "오늘 샌드위치는 없어"라고 말했다. 수업이 끝나면 근처 빵집에 들러 샌드위치를 사 주곤 했다. 이건 일종의 루틴이자 약속이었다. 대개의 경우 안전벨트를 꼭 매겠다는 다짐을 받고 샌드위치를 사 주는 것으로 일단락했지만 이날만은 그러고 싶지 않았다.

"오늘 샌드위치는 없어. 그건 네가 약속을 지키지 않았기 때문이야."

현이는 여러 번 보채다가 통하지 않자 볼멘소리를 냈다. 푸념보다는 자학에 가까운 소리였다.

"예전에 내가 성당에서 퀴즈를 맞히지 못해서 사탕을 못 받았잖아. 그때 기억이 나서 힘들어. 내가 빨리 죽었으면 좋겠어. 그 기억을 잊어버릴 수 있게."

"그건 아주 오래전 일이잖아."

"그래도 그 기억이 나. 엄마, 나를 죽여 줘."

"나는 너를 죽일 수 없어. 생명은 소중해서 그러면 안 돼."

"그럼 경찰 아저씨한테 죽여 달라고 해야겠다."

"그것도 불가능해. 경찰 아저씨가 벌받을 거야."

"이렇게 괴로운데 어떻게 해야 해!"

"죽고 싶으면 차라리 빨리 죽게 해 달라고 기도해."

나는 조금도 물러서지 않았다. 죽음을 이야기하는 현이를 보며 눈 하나 깜빡하지 않았다. 발달센터에 도착해 현이를 교실로 보낸 뒤 한숨을 내쉬었다. 그제야 마음속 서늘한 바람이 불었다. 나는 그 기분을 부여잡고 싶지 않았다. 대신 과자 한 봉지를 뜯었다.

수업을 마치고 모든 걸 잊은 현이는 집에 오자마자 손전등으로 장난을 쳤다. 집안의 불을 모두 끈 채 손전등을 비추니 천장에 동그란 빛이 생겼다. 현이는 그걸 신이라고 말하며 기도를 하고 있었다.

"하느님, 제발 오래 살게 해 주세요."

불과 두어 시간 만에 현이는 "제발 죽게 해 주세요"에서 "제발 오래 살게 해 주세요"로 노선을 변경했다.

아이가 자꾸 극단을 오간다. 양극단에서 나는 어디에 있어야 하나.

그로부터 얼마 뒤, 주차 중에 다른 차를 박았다. 발달센터가 있는 건물의 요양 시설에서 시간제 강사로 일하는 남자 선생님의 차였다. 선생님과 함께 내려온, 머리 희끗희끗한 할머니가 이것저것 조율을 해 주었고, 다행히 수리비를 주는 선에서 마무리하기로 했다. 선생님이 순한 분이라 다행이다, 애기 엄마 너무 걱정하지 마라 등등 여러 말이 오갔다. 아이를 데려다주다가 사고가 났다는 내게 선생님은 대뜸 아이는 괜찮냐고 물었다. 나는 사고가 있기 전에 차에서 내렸다고 대답했다. 할머니가 말했다.

"엄마가 참 곱네요."

나는 감사하다는 의미로 고개를 숙였다.

당시 나는 곱다는 단어와는 거리가 먼 상태였다. 현이를 데리고 오는 내내 큰소리가 났으니까. 현이는 울었고 나는 소리를 질렀다. 이런 일이야 다반사지만 이날은 마침 현이의 생일이기도 했다. 생일잔치는 며칠 전 친구들과 한바탕 치른 상태였다. 생일날 아침 식사를 남은 케이크 한 조각으로 때운 현이에게 미안한 마음에 저녁은 친정에 가기로 했었다. 미역국과 현이가 좋아하는 생선, 아마 초코케이크가 준비되어 있을 것이다.

주차 중에 차를 박을 정도로 정신을 놓게 만든 일은 하굣길부터 시작되었다. 발달센터로 바로 가려고 교문 앞에서 기다리고 있었는데 현이가 친구와 함께 걸어 나왔다. 그 친구가 내게 말했다.

"얘가 자꾸 저를 괴롭혀요. '죽어 버려'라고 계속 그래요."

차에 오르자마자 상황을 물어보았다. 친구와 유령 잡기 게임을 하는데 자꾸 자신에게 안 좋은 무기만 줬기 때문이라고 대답했다. 친구에게 '죽어 버려'와 같은 말은 하면 안 되는 거라고 말하자 현이가 소리를 질렀다.

"걔 때문에 내가 계속 지는데 어떻게 해?"

"재미있으려고 같이 노는 거잖아. 지는 게 싫으면 차라리 같이 놀지 마."

현이가 울음을 터뜨렸다.

"걔랑 놀지 않으면 나는 놀 친구가 없단 말이야."

이렇게 말하면서 현이는 그 친구가 자신을 자꾸 울게 만든다고 털어놨다. 그러면서 "남잔데 왜 울어?"라며 놀린다고도 말했다.

"우는 건 아무도 해치지 않아. 우는 것보다 더 나쁜 건 다른 사람에게 죽으라고 말하는 거야."

나는 죽으라고 말하는 것보다는 우는 게 낫다고 대답했다. 친구가 운다고 놀리면 상담실에 가서 울라고도 했다.

"엄마도 학교 다닐 때 많이 울었어. 친구들이랑 놀고 싶은데 놀아 주지 않아서, 그래서 화장실에서 혼자 울었어. 그런데 우는 건 부끄러운 게 아니야. 오히려 울지 못하면 병이 생겨. 대신 크게 울지 말고 조용히 우는 법을 배우면 돼."

나는 자꾸 우는 방법을 가르친다. 자신의 감정을 차분하게 표현하는 방법을 익히면 좋겠지만 화가 나서 '죽어 버려'라는 말만 떠오른다면, 그 말이 버릇처럼 자리 잡는다면, 그냥 울어 버리는 게 낫다고 생각했다. 울음은 방해가 될지언정 누군가를 해치지는 않으니까. 조용히 흐르는 눈물이라면 더더욱.

자폐인이자 동물학자로 유명한 템플 그랜딘은 《나의 뇌는 특별하다》에서 오래도록 준비한 프로젝트가 취소된 뒤, 아이처럼 눈물을 흘리는 예순 넘은 과학자를 보며 속으로 '잘했어요'를 외쳤다고 한다. 다른 사람을 때리거나 물건을 집어 던지지 않고 차라리 울어 버리는 사람은 사회에서 일할 수 있기 때문이다.

사람들과 함께 살아가는 세상인 만큼 현이에게 가르쳐야 할 것이 많다. 그런데 그 기준을 어디에 둬야 할지 막막하다. 일단 죽으라고 말하지 않고 울음을 터뜨리는 정도, 딱 그만큼만 바라본다. 다른 이에게 사랑받지는 않더라도, 조금 이상하다고 누군가 곁눈질을 보내더라도, 적어도 이 사회에서 버티며 살아가는 데 필요한 수준, 딱 그만큼만.

가벼운 접촉 사고를 낸 뒤, 머리 희끗희끗한 할머니의 "엄마가 참 곱네요"라는 말을 듣고 나는 그만 울고 싶었다. 이유는 모르겠다. 누구나 울고 싶은 순간이 있다. 그 순간에 네가 외롭지 않았으면 …….

생일 축하한다. 내 아들.

엄마는 너한테
많이 실망했어

현이가 다니는 초등학교에서 학부모 도서회를 이 년째 하고 있다. 매주 한 차례, 도서관에서 책을 읽어 주는 봉사 활동이다. 학부모 도서회에 참여한 이유는 단 하나, 학교에 들어갈 수 있는 합법적 방법이기 때문이다. 코로나로 학교 출입이 제한되었던 초등학교 1학년, 학교 분위기가 궁금했다.

솔직히 불안했다. 초등학교 입학을 앞두고 학교에서 발생할 수 있는 온갖 일들을 고려해야 했다. 다른 친구들과 문제를 일으킨다면, 담임 선생님께 하면 안 될 말을 한다면? 혹시 모를 일을 대비해 경험이 많은 선배 엄마와 친분을 쌓고 싶었다. 문제가 생겼을 때 어떤 식으로 처리하고 정리해야 하는지 조언을 얻을 수도 있을 터였다. 말 그대로 학교에서 내 지분이 필요했다. 그것이 한 줌에 지나지 않더라도.

아이들에게 책을 읽어 주고 싶다가 아닌 다른 이유로 학부모 도서회를 시작했지만 책을 읽어 줄 차례가 아님에도 빠지지 않고 도서관에 갔다. 현이와 함께 교문을 통과하는 기분도 좋았다. 적게는 열댓 명, 많게는 서른 명가량의 아이들 앞에 서서 마이크를 켜고 그림책을 읽어 주곤 했다. 내가 책을 읽어 주는 날은 몇 번 되지 않았지만 내 차례가 될 때마다 현이는 맨 앞줄에 앉아 나를 쳐다보았다.

다행히 현이는 얌전했다. 누군가 나서서 조율해야 할 일도 발생하지 않았다. 가끔 독후 활동 중 하나로 퀴즈를 맞히지 못해 사탕을 받지 못했다고 칭얼대긴 했지만 그런대로 조용하게 지나갔다.

그런데 얼마 전, 내가 책을 읽는 시간에 현이가 작은 소란을 피웠다. 단상에 올라 책 읽기를 시작하는 순간 현이가 갑자기 내 쪽으로 다가와 물었다.

"엄마, 감사 일기 숙제 책가방에 넣었어?"

아이들이 보는 앞에서, 도서회 학부모들이 함께 서 있던 그곳에서 현이는 아랑곳하지 않고 말했다. 나중에 확인해 보자고 서둘러 대답한 뒤 책을 읽기 시작했다. 현이는 몇 번 짜증을 내다가 자기 자리로 돌아갔다. 그 와중에 다른 아이가 현이의 자리를 차지하고 말았다.

"비켜! 이거 내 자리야."

현이가 격앙된 목소리로 말했다. 나는 못 들은 체하고 책을 읽었다. 학부모 중 한두 분이 현이를 말리며 여유분의 의자를 가져와 자리를 마련해 주었다. 뭐라고 구시렁대는 현이의 목소리가 들렸다. 그 소리를 들으며 난감한 포즈를 취하는 학부모를 슬쩍 바라보았다.

나는 계속 책을 읽었다. 불평 소리가 계속해서 들려왔다. 나는 책 읽기를 멈추지 않았다. 멈출 수가 없었다. 결국 현이가 의자를 끌고 나와, 단상 코앞에 자리를 잡았다. 몇 아이들이 얼굴을 찌푸렸다. 한 학부모가 제지했으나 소용없었다. 보다 못한 학부모가 현이의 어깨에 손을 올리자 강하게 뿌리치는 게 보였다. 나는 계속 책을 읽었다. 4학년 정도 보이는 여자아이가 다가와 말했다.

"여기 앉으면 안 돼. 다른 아이들이 안 보이잖아."

현이는 들은 척도 하지 않았다. 나는 계속 책을 읽었다. 어떻게 책을 읽었는지 기억이 나지 않는다. 책 읽기를 마무리하고 독후 활동을 다른 학부모에게 맡긴 뒤, 현이에게 밖으로 나가자고 말했다. 현이는 나를 따라오지 않았다. 고집스레 그 누구도 원치 않는 자리에 굳건히 앉아 있었다. 나는 현이의 손을 꽉 잡은 채 도서관을 빠져나왔다.

"네가 뭘 잘못했는지 알지? 엄마가 지금 말하지 않을게. 교실에 올라가서 한번 생각해 봐."

현이가 나를 바라보았다. 나는 주저앉아 울고 싶었다.

"엄마가 다른 사람들 앞에서 책 읽는 시간이잖아. 그럴 때 엄마한테 와서 물어보면 안 되지. 그건 나를 방해하는 거야."

나는 말을 멈출 수 없었다.

"자리도 아닌데 맨 앞에 앉아 있으면 그것도 다른 사람 방해하는 거야. 엄마는 너한테 많이 실망했어."

나는 다시 도서관으로 향했다. 이후에는 책을 읽은 사람이 소감을 발표하는 시간이었다. 얼굴을 들 수가 없었다. 한 학부모가 다가와 장난스레 말을 걸었다.

"워! 진정하세요."

또 다른 학부모는 이렇게 말했다.

"아이가 엄마를 독차지하려고 했나 봐요. 오늘 너무 혼내지 마세요."

나는 가만히 그곳에 앉아 있었다. 내가 도망가면 이 일이 더 커질 것이다. 아무 일도 일어나지 않은 듯 마무리해야 한다. 여기서 무너지면 안 된다. 수만 가지 생각이 요동쳤다. "오늘은 제 아이가 빌런이네요"라는 식의 유머 섞인 말로 넘기고 싶기도 했다. "아이가 부족한 점이 많아요. 제가 잘 가르칠게요"라고 말하고 싶기도 했다. 이런 생각을 하는 내내 눈물이 고였다. 나는 눈을 깜박였다.

이날 나는 현이에 대해 아무런 언급도 하지 않았다. 책을 간략하게 소개한 뒤, 모임이 끝나기가 무섭게 서둘러 밖으로 나왔을 뿐이다. 기실 아무 일도 일어나지 않았다. 사람들 앞에서 현이가 심통을 부린 것뿐이다. 어떤 사람들은 "버릇이 없다, 심술궂다"와 같은 말을 할지도 모르겠다. 그래도 괜찮다. 사람들은 남의 일에 대해 생각보다 관심이 없다. 지금 당장은 화제에 올리더라도 조금만 지나면 곧 잊힐 것이다.

아이에 대한 그 어떤 말도 내뱉지 말자. 감정이 휘몰아칠 땐 감정을 숨기는 게 낫지. 그러니 아무 말도 하지 말자. 아무 일도 일어나지 않은 것처럼.

그 일 이후 현이와 함께 도서관에 가는 게 망설여졌다. 도서회 학부모들을 만나는 것도 꺼려졌다. 그렇다고 도서회 활동을 그만둘 수도 없었다.

나는 그냥 쿨한 사람이 되기로 했다. 욕심 많고 경쟁적이며 화를 잘 내고, 할 수 있는 말과 그렇지 않은 말을 가리지 못하는 등등 현이에 대해 구구절절 설명하지 않기로 했다. 긍정적이든 부정적이든 어떤 말도 꺼내지 않을 것이다. 결국 나 자신이 비난받을까 봐 무서워서 하는 이야기다. 여기에 현이에 대한 배려는 없다. 모두 나를 보호하고자 하는 말이다.

한 주가 지나고 도서관에 가기 전날, 현이에게 물었다.

"엄마랑 같이 도서관에 가고 싶니?"

"응. 갈 거야."

"그럼 지난번처럼 다른 사람을 방해하면 안 돼. 중간에 단상 앞으로 나오거나 소리를 지르거나 짜증을 내면 안 돼. 규칙을 잘 지킬 수 있으면 가고, 그럴 수 없다면 가지 말자."

"규칙 지킬게. 가자."

여느 때처럼 현이를 데리고 도서관에 갔다. 앞에서 두 번째 줄, 가장 왼쪽에 현이가 자리를 잡았다. 나는 맨 뒤쪽, 다른 학부모들과 나란히 서 있었다. 이날 책 읽기를 맡은 서너 명의 학부모가 함께 책을 읽고 있었다. 이 중에는 나와 친분이 있는 학부모도 한 명 있었다. "책 읽어 주는 엄마가 자랑스러워서 친구들에게 알리고 싶은 속마음도 있었을 거예요"라고 문자를 보낸 사람이었다. 나는 "아이가 도서관 규칙을 잘 지킬 수 있다고 약속하면 아이를 데리고 갈게요"라고 대답했다.

그날 독후 활동 시간에는 깜짝 퀴즈가 준비되어 있었다. 생전 손을 들지 않던 현이가 손을 들었다. 여러 명이 한꺼번에 손을 드는 바람에 현이가 바로 지목되진 않았다. 그 사이사이 짜증 섞인 소리를 몇 번 내긴 했지만 끝까지 손을 들어 결국 퀴즈의 답을 말했다. 사실 정답이 없는 문제였다. 무엇이든 정답이 될 수 있었다.

나는 현이를 쳐다보지 않고 단상 쪽을 바라보았다. 그때 현이를 보며 살며시 미소 짓는 그 학부모가 보였다. 자기가 불리지 않자, 손을 드는 것을 넘어 엉덩이까지 들썩거린 현이의 모습을 귀엽게 바라보는 한 사람이 그 자리에 앉아 있었다. 나는 그녀에게 고마웠다.

독후 활동이 끝난 후, 열 명 정도의 학부모가 도서관에서 이야기를 나누고 있었다. 보통 때 같으면 현이를 흐뭇하게 바라봐 주었던 그녀에게 다가가 알은체라도 했을 텐데, 문자에 대한 답으로 아이가 도서관 규칙을 지키기로 했다고 알려 주었을 텐데, 나는 잠시 머뭇거리다 바로 자리를 떴다.

　남다른 아이를 키우는 일은 쓸쓸하다. 이곳에도 저곳에도 속하지 않는 경계에 선 아이라면 더 그렇다. 현이에 대한 모든 것을 말한다면 그때 이 외로움이 사라질까? 아마도 아닐 것이다. 우리는 여전히 경계에 있을 것이다. 아슬아슬하게.

　누구에게도 곁을 주지 않는 아웃사이더. 나는 지금 외롭지만 아이에 대해 이야기 나눌 사람은 필요하지 않다. 그게 우리에게 안전하다.

─── 그 자체로
가치 있는 존재

거의 삼 년간 다니던 발달센터 수업 마지막 날, 현이가 졸업장을 받았다. 지난 일들이 주마등처럼 스쳐 지나갔다. 선생님과 작별 인사를 나누며 속으로 살짝 울컥했다. 상장을 손에 쥔 채 집으로 가는 길, 같은 학교에 다니는 친구의 엄마와 마주쳤다. 현이가 자신이 받은 상장을 자랑하려던 순간, 나는 졸업장의 앞면이 보이지 않도록 뒤집었다. 뭔가 생각할 사이도 없이 불과 몇 초 만에 일어난 일이었다.

"오늘이 학원 마지막 날인데, 그동안 수고했다고요."

나는 대충 얼버무렸다.

자폐스펙트럼 진단을 받은 아이들의 유튜브 영상을 가끔 찾아본다. 몇 년 전만 해도 자폐스펙트럼을 검색하면 한두 계정 정도, 그것도 다 자란 자폐 성인의 부모가 올린 것이 대부분이었는데 요즘에는 두세 살 아이의 일상을 공개한 계정이 부쩍 늘었다. 이런 분위기와는 반대로 나는 숨고 싶었다. 현이도 그렇게 살았으면 좋겠다고 생각했다. 다른 이들이 전혀 눈치채지 못하도록, 평범하지는 않지만 사회라는 테두리 안에서 눈에 띄지 않게 살았으면 싶었다.

한때이긴 하지만 일부러 집 근처 놀이터를 피한 적도 있었다. 아파트 단지 놀이터 대신 길 건너 공원 놀이터를 찾았다. 집에서 좀 떨어진 학원에 다녔고 그곳에서 같이 수업을 듣는, 앞으로 학교든 동네든 마주칠 일 없는 친구들을 물색했다. 그런 인연은 길게 이어지지 않아도 좋을 것 같았다. 현이의 부족함이 탄로 나더라도 언제든 그 관계를 정리할 수 있으니까. 만약의 경우를 대비해 심리적 보험을 마련해 놓은 셈이었다. 끝을 대비한 만남은 사람들 사이에 벽을 치기 쉽다. 나도 편하지만은 않았다.

자폐스펙트럼 진단을 받은 아이를 키우는 선배 맘들은 이야기한다.

"시간이 흐를수록 아이의 다름이 더 두드러지게 나타날 거예요."

초등학교 1, 2학년은 무사히 보냈지만 십 대 무렵에는 현이의 말과 행동이 감출 수 없을 만큼 도드라질 수도 있다. 그 가능성을 묵직하게 감지하고 있다. 개인적으로 고민하는 부분은 '언제쯤 현이에게 자폐스펙트럼 진단 받은 사실을 알려야 하는가?'였다.

아스퍼거 증후군이자 작가로 활동하고 있는 존 엘더 로비슨은 《나를 똑바로 봐》에서 자신은 늘 게으르거나 성을 잘 내거나 반항적이라는 평판을 들었다고 말했다. 때때로 스스로가 반사회적 인격자처럼 느껴지기도 했는데 아스퍼거 증후군 진단을 받은 이후 자신이 얼마나 '정상적'인지 깨달았다고 밝혔다. 이 외에도 성인이 되어 진단을 받은 사람들은 하나같이 자신의 정체성을 좀 더 일찍 알았다면 훨씬 도움이 되었을 것이라고 말했다. 남들과 다르다는 사실을 느끼고 있었지만 다름의 실체가 무엇인지 명확하게 몰라 혼란스러운 시기를 보냈다고 했다.

현이는 아직 자신에 대해 알지 못한다. 자기 정체성에 대해 고민하는 사춘기 시기가 오면 그때는 진단을 알려 줘야 하지 않을까 생각하고 있다. 정말 생각만 어렴풋이 하고 있다.

중학교 1학년 때, 반 아이들에게 미움을 받던 남자아이가 한 명 있었다. 그때는 따돌림이 사회적 문제로 대두되기 전이라 내 눈에 비친 아이는 그저 인기 없는 남자애 정도였다. 그 애의 문제는 남의 일에 참견을 잘한다는 거였는데 그런 행동이 건방져 보였나 보다. 내게 직접적으로 피해를 준 적이 없어서 잘 모르지만 동성의 남자아이들은 그를 꽤 싫어했었던 것 같다. 공부는 잘하지만 참견을 잘하는 잔소리꾼. 그게 그의 별칭이었다.

그랬던 그 아이가 중학교 3학년쯤 확 달라졌다. 전교 회장 자리에 보란 듯이 오른 그는 학교 축제 기간, 전 학생이 보는 강당 위에 서 있었다. 지금도 기억나는 건 강단에서 내려가던 모습이다. 그는 바지 먹은 엉덩이를 일부러 내보이며 다소 과장된 몸짓으로 엉덩이에서 바지를 빼내 운동장으로 내려갔다. 이곳저곳에서 웃음소리가 터져 나왔다. 한때 반에서 무시당하던 아이가 자기만의 유머 코드로 전교생의 호응을 얻고 있었다. 그는 전교 회장이 될 정도로 인기를 누렸지만 이전의 모습을 기억하는 내게 그의 행동이 썩 자연스러워 보이지 않았다. 노력하는 것처럼 보였다. 조금도 아니고 아주 많이. 나는 이제야 궁금하다. 그 아이는 그때 행복했을까?

나는 지금 현이에게 자신을 숨기라고 말하고 있다. 종종 가면을 쓰라고 요구했다. 친구와 어울리고 싶으면 네가 하고 싶은 대로 하면 안 된다고, 다른 사람에게 양보해야 한다고, 힘들더라도 참을 수 있어야 한다고 말했다. 하고 싶은 말이 있어도 속으로만 하라고 했다.

"마음속으로 얘기해. 네 속은 아무도 알지 못하니까."

눈에 띄지 않는 아이를 만들기 위해 지켜야 할 사항은 점점 늘어갔다. 사람들과 이야기할 때 무턱대고 자기 말만 해서도 안 되고, 사람들의 눈을 쳐다보며 말하기 힘들 때는 차라리 콧구멍이라도 보라고 말이다. 언젠가 아스퍼거 증후군 진단을 받은 성인에게, 내가 하는 요구가 발이 없는 아이에게 뛰라고 하는 것과 비슷하다는 말을 들었다. 평범하지 않은 현이에게 기어코 평범함을 가르치려 드는 나는, 선을 가장한 억압을 자행하고 있는 것인지도 모르겠다.

가면을 쓰는 것. 흔히 '마스킹 Masking'이라고 한다. 비슷한 의미로 '페르소나 Persona'가 있지만 조금 다르다. 마스킹이 본래 자기 모습을 감추는 데 집중한다면 페르소나는 다른 이들에게 보이는 사회적인 자아상에 중점을 둔다. 두 단어의 차이는 미묘하다. 페르소나도 고대 그리스 연극에서 배우들이 쓴 가면을 의미한다.

대학교 시절, 유독 우울하고 몽상에 잠기던 나는 페르소나를 갖길 원했다. 나에게 페르소나는 타인에게 보이고 싶은 이상적인 자아상에 가까웠다. 속에서는 예민한 신경과 불안이 진상을 부려도, 겉으로는 여유롭고 우아하게 일을 해내는 쿨한 영혼을 갖고 싶었다. 그렇게 가장했다. 나 자신을 숨겼다. 그런데 그게 마스킹일까, 아니면 페르소나일까?

나는 이기적인 엄마다. 아직까지는 현이의 다름을 감추는 게 편하다. 부디 현이도 그랬으면 좋겠다. 언젠가 자신의 다름에 대해 의문을 가질 때가 오겠지. 그 시기가 최대한 늦게 오기를 바라지만 만약 그때가 되면 진단을 알려 주려고 한다. 현이의 남다름을 환영하고 있는 힘껏 축하해 주고 싶다. 비록 친구를 사귀고 비슷한 관심사를 갖고 감정을 나누는 것이 힘들 수는 있지만 현이가 자신의 모습을 긍정적으로 받아들이고 자기 안의 재능을 찾을 수 있도록 독려하고 싶다. 현이가 얼마만큼 치열하게 자신의 남다름과 싸워 왔음을 엄마인 내가 잘 알고 있기 때문이다.

지금은 이 사실을 감내할 수 있을 만큼 현이가 단단해지

길 기다리고 있다. 정체성을 형성하는 과정에서 내 자리가 조금이나마 남아 있다면 더 바랄 것이 없겠다.

현이에게 자주 하는 말. 나에게도 필요한 말을 읊조려 본다. "남들과 다른 건 좋은 거야. 너는 그 자체로 너무 가치 있는 존재야."

다름은 이상하지 않고 다양성이다

공교육 멈춤의 날*, 나는 체험학습을 쓰지 않았다. 체험학습을 쓰는 사람이 주변에 서너 명 있긴 했다. 초등학교 선생님인 오랜 친구는 공교육 멈춤의 날에 병가를 쓰겠다고 말했다. 그만큼 절박하다고. 초등학생 아이를 키우는 또 다른 친구는 담임 선생님에게 체험학습을 썼으면 좋겠다는 문자를 받았다고 전했다.

현이가 다니는 학교에서는 아무런 고지가 없었다. 몇 엄마들의 걱정스러운 목소리뿐이었다. 나는 현이의 담임 선생님이 집회 참여를 위해 병가를 쓰지는 않을 것 같다고 막연히 짐작했다. 2023년 9월 4일, 현이는 평소와 똑같이 학교에 갔다.

솔직히 나는 이 일에 대해 아무 생각도 하지 않았다. 시니컬한 면도 없지 않았다. 학교에 대해 기대하는 바가 거의 없었으니까. 대신 나는 온갖 방패로 무장했다. 선생님이 아이의 다름을 인지하면 바로 특수교육 대상자 신청을 해야지. 현이가 학교에 적응하지 못하면 대안학교에 보내야지. 대안학교도 안되면 이민이라도 가야지. 학교 폭력에 대한 부분에 대해서도, 아마도 가해자보다는 피해자가 되겠지만 학교 내에서 해결을 바라지 말고 숨어 버려야지. 만약 가해자가 된다면 바로 학교에서 뛰쳐나와야지. 어딘가로 도망쳐야지.

아직 일어나지 않은 일들에 대한 대처는 지극히 수동적이었다. 한마디로 '그곳에서 나와 다른 곳으로 가자'였다. 남다른 아이를 키우는 선배 엄마들에게 듣던 말.

"학교에 기대하지 마세요. 학교는 문제를 숨기려 해요. 그 과정에서 학부모가 상처를 받아요."

정작 문제는 현이가 갈 만한 곳이 많지 않다는 데 있었다. 대안학교, 시골의 작은 학교, 국제학교, 이마저 어렵다면 홈스쿨링.

등교 준비를 하면서 학부모 도서회에서 활동하고 있는 학부모에게 전화를 받았다. 공교육 멈춤의 날로 예상보다 많은 선생님이 병가를 내면서 학부모 지원이 급하다는 메시지였다. 오전 8시 20분, 다급한 목소리였다. 나는 그렇게 하겠다고 대답했다.

2학년 다섯 반 중 세 명의 선생님이 출근하지 않았다. 5, 6학년의 경우 거의 출근을 하지 않았다고 했다. 누군가 내게 아이의 학년을 물었고 2학년이라고 대답했더니 2학년을 맡으라고 말했다. 다행히 현이의 담임 선생님은 출근을 해서 내가 현이의 반을 맡는 사태는 발생하지 않았다.

오전 9시부터 오후 1시 40분까지, 5교시 동안 나는 2학년 아이들과 함께 교실에 있었다. 1교시는 동영상 교육으로 채워졌다. 2교시부터 5교시까지는 선생님이 미리 준비해 둔 유인물로 시간을 보냈다. 유인물만으로는 턱없이 긴 시간이었다. 중간에 시간이 남는 아이들은 책을 읽은 뒤 독서 기록장을 쓰라고 지도했다. 그것마저 마친 아이들은 다른 활동을 하며 시간을 보냈다.

한 교실 안에 각양각색의 아이들이 있었다. 내 눈에는 느린 아이, 산만한 아이, 충동적인 아이, 예민한 아이가 먼저 들어왔다. 특수교육 대상에 속하지는 않지만 특별한 관심과

지도가 필요한 아이들, 현이 같은 아이들. 수업 시간만으로는 부족해 쉬는 시간까지 앉아서 유인물을 풀어야 했던 아이, 유인물은 다 풀지 못했지만 다른 아이가 무슨 일을 하는지 사사건건 간섭하던 아이, 앞에 앉은 아이의 다리를 일부러 찼으면서도 절대 그렇게 하지 않았다고 발뺌하는 아이. 그중 단연 눈에 띈 아이는 1교시부터 목이 아프다고 보건실에 왔다갔다하던 여자아이였다. 그 아이는 유인물도 중간에 풀다가 포기해 버렸다. 손이 아프다는 이유였다.

아이는 수업 중에 자꾸 내게로 다가와 몸이 안 좋다고 했다. 옆 반 선생님께 말씀드렸더니 아이가 직접 엄마에게 전화를 하도록 하라고 조언했다. 쉬는 시간과 점심시간, 아이는 엄마와 통화를 했다. 바로 조퇴를 하지 않은 걸 보면 이런 일이 자주 있는 눈치였다. 같은 반 아이들 중 하나가 "쟤는 맨날 보건실에 가고 그래요"라고 핀잔을 주었다.

그런 아이가 급식 시간 동안 '식판 깨끗이 정리하기'가 쓰인 피켓을 들겠다고 자원했다. 피켓을 드는 게 엄청난 권위라도 되는 양 여러 명이 하겠다고 손을 들었다. 나는 자원한 사람들끼리 제비뽑기를 하자고 제안했고 운 좋게도 그 아이가 당첨되었다. 나는 안도의 한숨을 내쉬었다.

급식을 먹은 뒤, 아이가 급식실 앞에 서서 '식판 깨끗이 정리하기' 피켓을 들고 서 있었다. 같은 반 아이들이 급식을 먹은 뒤였고 이제 교실로 올라가도 된다고 말했지만 그 아이는 2학년 모든 반이 다 먹을 때까지 있어야 한다고 강조했다. 나는 아이를 두고 먼저 교실로 올라왔다. 한참 늦게 교실로 올라온 아이가 나를 보며 "2학년 아이들이 한두 명 정도 남아 있었던 것 같아요"라고 걱정스레 말했다. 나는 괜찮다고 다독여 주었다.

고작 하루 같이 있었는데도 아이들의 성향이 대충 파악되었다. 아이마다 너무도 다양한 특징을 갖고 있고, 그 특징이 그토록 강조하던 '평범'에서 벗어나 있다는 것을 깨달았다. 어쩌면 현이에 대한 나의 기준이 대단히 엄격했을지도 모른다는 생각이 들었다. 당연하게도 아이들은 제각각 다르다. 그 다름은 평범하지 않을지언정 이상하지 않다.

그날 현이는 내가 2학년 같은 층에 있다는 것을 알면서도 한 번도 나를 만나러 오지 않았다. 급식 시간, 내 얼굴을 아는 현이의 반 친구들이 지나가며 인사를 건네는데도, 현이는 내가 보이지 않는 듯 모른 척 지나갔다. 급식을 받자마자 자신이 가야 할 자리로 쌩하니 직진했다. 바로 내 곁을 현이가 스쳐 지나갔다. 긴장해서 나를 못 봤거나 아니면 알은체할 생각을 못 했거나 둘 중 하나다. 엄마가 학교라는 공간에 함께 있는 일이란 대단히 낯선 것이니까. 어떤 면에서는 일부러 찾아와 알은체하는 것보단 낫다.

공적인 자리에서 우리가 취해야 할 행동은 다소 건조하더라도 그게 우리 방향에는 맞다. 지금 그 자리에 맞는 행동을 하는 것. 예외 없이.

아이와 의논해 보고 하세요

 초등학교 2학년 학부모 공개 수업을 했다. 지난해에는 코로나 때문에 비대면으로 시행하더니 이번에는 교실에 직접 들어가 수업을 지켜보았다. 아무렇지 않을 줄 알았는데 학교 가는 길부터 가슴이 두근거렸다.

 등교하기 전, 우리만의 사인을 정했다. 엄마랑 눈이 마주치면 손가락 하나를 펴 보이자고. 그 이후에는 엄마를 보지 않아도 된다고 말했다. 수업에만 집중하라고 재차 확인했다. 현이는 손가락 하나 피는 게 재미있었는지 엄마랑 두 번째 마주치면 손가락 두 개를 펴겠다고 말했다. 그다음 세 개, 네

개, 하나씩 올리며 하겠다고 말했다.

공개 수업 중 현이가 나를 쳐다보았다. 손가락 하나를 편 채. 몇 분이 더 지났을까. 그다음에는 손가락 두 개를 펼쳐 보였다. 그 모습이 V자 같았다. 나는 현이를 보며 고개를 끄덕였다.

아무 일도 일어나지 않았다. 평화로웠다. 아니, 정신없었다. 교실 뒤편, 스무 명 정도 학부모가 서 있던 교실에서 아이들은 제각기 다른 반응을 했다. 어떤 아이는 발표를 하면서 손으로 V를 몇 번이나 그려댔다. 다른 아이는 자리에 앉아 있다가 갑자기 일어나 춤이라도 추는 듯 허리를 리드미컬하게 움직였다. 지우개를 위로 던졌다가 받으며 장난치는 아이도 있었고 의자에 비스듬히 기댄 채 앉아 의자를 들썩이는 아이도 있었다.

현이는 눈에 띄지 않았다. 때때로 두 손을 만지작거리며 딴청을 피우기도 했지만 대체로 똑바로 앉아 선생님 말씀을 듣고 다른 아이들과 모둠 활동을 했다. 발표할 기회는 많았지만 손을 들지는 않았다. 모든 아이가 돌아가면서 소감을 말할 때 정도만, 앞선 아이가 했던 대답을 그대로 베껴 말했다. 나는 속으로 "잘했어. 그렇게 하는 거야"라고 중얼거렸다.

아이마다 너무도 다양한 특징을 갖고 있고,
'평범'에서 벗어나 있다는 것을 깨달았다.
당연하게도 아이들은 제각각 다르다.
그 다름은 평범하지 않을지언정 이상하지 않다.

현이는 나를 닮았다. 무리에서 드러나지 않길 바라면서도 사람들에게 인정받기를 원하는 존재. 앞선 친구가 말한 단어를 기억해 이어 말하기 그룹 미션을 하던 중, 옆 친구가 기억을 못 하자 현이가 팔꿈치로 툭툭 건드리며 답을 알려 주었다. 자신이 속한 그룹이 일등 하길 바라는 마음에서 나온 행동일 것이다. 자신을 자랑하고 싶으면서도 숫기가 없어 나서지 못하는 현이를 바라보았다. 그 마음이 그대로 느껴졌다. 저기, 내가 저 자리에 앉아 있구나. 너는 정말 나를 닮았구나.
"너는 네 아이를 이해하네. 나는 절대로 내 아이를 이해할 수 없는데. 나랑 너무 달라서."

발달센터에서 만난 지인이 이런 말을 한 적 있다.

현이의 모든 행동을 이해하지는 못한다. 어떤 면에서는 절대 이해할 수 없는 일들도 종종 일어난다. 하지만 가끔은 마치 현이가 나인 것처럼 모든 것이 투명하게 보일 때가 있다. 이런 순간이 있어 너와 함께할 수 있는 거겠지. 나는 너를 이해한다. 봄날의 햇살 같다.

자폐스펙트럼 진단을 받은 이후로 자폐라는 진단에 갇혀 현이를 바라보는 일이 잦았다. 무심코 지나칠 수 있는 일도 가만 내버려두지 않았다.

"이러면 안 돼. 이럴 땐 이렇게 해야지."

현이는 곧바로 화를 내며 반응했지만 잔소리는 멈추지 않았다. 혹시라도 상황에 맞지 않는 행동이라도 하면 어김없이 달려가 말했다.

"이럴 땐 이렇게 해야 하는 거야."

오랜 친구들은 내가 예민하다고 지적하기도 했다. "아이마다 성향이 있는데 네가 지나치게 나서는 게 아닐까?"라는 말도 들었다. '현이가 받은 진단을 몰라서 그런 거겠지'라는 생각도 들었지만 한편으로는 친구들의 말이 맞을 때도 있었다. 그런데도 마음을 놓을 수 없었다. 조마조마했다. '엉뚱한 말이나 행동을 해서 놀림을 받으면 어떡하지? 친구를 사귀지 못하면 어쩌지?'와 같은 불안이 꿈틀거렸다.

과연 엄마의 노력이 얼마만큼 아이에게 영향을 미칠 수 있을까. 자폐스펙트럼 진단을 받은 아이들은 어떤 모습으로 성장할까. 자신이 좋아하는 일을 찾고 그 일을 하며 경제적으로 자립할 수 있을까. 자신을 이해해 줄 가족이나 소수의 친구만 있다면 얼마나 좋을까.

96개월, 분당서울대학교병원에 다녀왔다. 반년에 한 번 병원에 갈 때마다 의사 선생님께 무엇을 물어볼지 준비하곤 했다. "사회성 관련 수업은 일주일에 몇 번 하는 게 나을까요?", "치료를 더 늘릴 필요가 있나요?"와 같은 질문과 "영어 학원을 보내도 괜찮을까요?", "한 달 정도 해외여행을 가도 무리가 안 될까요?"와 같은 질문. 때때로 "아이가 좀 산만한 것 같은데 어떻게 생각하시나요?", "자기 조절력이 부족한데 도와줄 방법이 있을까요?" 같은 질문을 던졌다. 초등학교 입학 전에는 "특수교육 대상자 신청을 해야 할까요?"라는 질문도 했었다.

몇 가지 정리하자면 사회성 관련 수업은 횟수가 중요한 게 아니라 아이의 부족한 부분을 얼마나 충족시키는가에 중점을 둬야 하고 영어 학원은 Yes, 특수교육 대상자 신청은 No. 언어적 강점이 있으므로 그 능력을 키워 줘야 하며 산만한 면과 자기 조절력이 부족한 점에 대해서는 원래 이런 경향성을 가진 아이라고 설명했다. 아직까지 문제가 될 만큼 두드러지지 않는다는 점도 덧붙였다. 그 외 부분에 대해서는 구체적인 답을 얻지는 못했지만 대체적으로 방향은 비슷했다.

"아이와 의논해 보고 하세요. 아이가 좋아하면 할 수도 있고요, 아이가 싫어하는데도 꼭 해야 하는 게 있다면 이유를 설명하세요. 그런 과정 자체가 도움이 될 수 있습니다."

 이번 병원 방문을 앞두고는 별다른 질문이 떠오르지 않았다. 나는 요즘 현이와 함께하는 시간이 편안하다. 아침마다 늦장을 부리는 것은 여전하지만 등굣길 같은 반 친구를 만나기 시작하면서 아주 조금은 서두르는 모습을 보인다. 영어 숙제를 하던 중 한 문제 틀릴 때마다 짜증을 내던 현이는 이제는 방문을 닫고 숙제를 한다. 방 안에서 딴짓을 할지 몰라 답답한 마음도 들지만 몇 분 정도는 내버려두고 있다.

 "현이가 수업 중 과한 말이나 행동을 할 때도 있지만 지적하면 바로 행동 수정이 이루어지더라고요. 그 시간이 점점 짧아지고 있어요."

 사회성 그룹 선생님에게 들은 피드백이다. 나 또한 현이가 달라지고 있다고 느낀다. 2학년이 되면서 자주 어울리는 같은 반 친구 두 명이 생기기도 했다.

 의사 선생님이 물었다.

 "아이에 대해 말씀하고 싶은 게 있을까요?"

 "특별한 건 없어요. 요즘 아이는 안정되어 보여요."

 내가 대답했다.

 "그럼 진료는 일 년에 한 번 해도 괜찮을 것 같네요. 3학년 때 봅시다."

나는 가끔 '완치'에 대해 생각한다. 자폐스펙트럼은 질병이 아니므로 완치란 말 자체가 성립이 안 되지만 자폐스펙트럼이란 단어에서 자유로워진다는 의미로 한때 '완치'를 바란 적이 있다.

나는 궁금하다. 현이가 지금 검사를 받는다면 여전히 자폐스펙트럼으로 진단받을까? 아닐까? 사실 그게 중요한 게 아니다. 현이는 남들과 다른 점이 있고 나 또한 그 점을 인지하고 있지만 그 다름을 걸림돌로 생각하지 않는다는 게 핵심이다. 섬세하고 명민하게 너를 지켜봐야 한다는 사실은 변함없다. 힘든 순간도 분명 있을 것이다. 그래도 지금은 이 진단에서 자유롭고 싶다.

지금의 나에게 필요한 건 오로지 한 사람을 바라보는 태도. 자폐라는 꼬리표가 아니라 지금껏 밟아 온 삶의 궤적을 찬찬히 살펴보는 따뜻한 시선. 너에게 그런 어른을 보여 주고 싶다.

Part 2

생애 첫 미션,
낯선 세상과
투쟁하다

우리를 위해 슬퍼하지 마세요.
슬픔은 반드시 필요하지 않고
한 번도 그랬던 적 없습니다.

_ 존 돈반 & 캐런 주커, 《자폐의 거의 모든 역사》

2개월,
낯섦에 용을 쓰다

작은 생명이 자라는 과정은 고통스러워 보였다. 현이를 키우며 무언가 먹는다는 게 그토록 힘들다는 것을 처음 알았다. 세계를 삼키려는 듯 온 힘을 다해 입을 벌리는 아기. 싸는 일도 빠질 수 없었다. 거의 한 시간 동안 끙끙거리다 드디어 큰일을 끝냈다. 방귀만 해도 열댓 번, 얼굴이 벌겋게 타오를 정도로 몸에 힘을 줬다. 큰일이 끝난 뒤 '휴' 하고 내쉬는 한숨은 아마도 끈질긴 노력 끝에 얻은 최초의 행복이겠지.

다만 변이 마려운 것이 아님에도 몸이 부서져라 힘을 주는 일이 잦았다. 모유 수유를 하는 중에도 용을 썼다. 잠을 잘 때 특히 심했는데 안쓰러울 정도로 용을 쓰다 잠들곤 했다. 그런 잠은 오래가지 않았다. 특히 새벽 서너 시 무렵, 밤 수유를 마치고 누운 현이는 십여 분 만에 일어나 엄청난 소리를 내며 보챘다. 길고 긴- 울음. 칼날같이 날카로운 울음은 쉬이 진정되지 않았다.

신생아 시기 아기가 용을 쓰는 이유는 힘을 주는 방법을 모르기 때문이라는 것을 알고 있었다. 변이 마렵거나 소화가 안 되거나 아니면 성장통으로 몸이 불편한 경우에도 용을 쓴다고 하니까. 그런데 현이는 한밤중에도 매일 같이 앓는 소리를 내며 온몸이 부서질 듯 용을 쓰곤 했다. 마치 온몸이 괴로운 것처럼 보였다. 밤잠은 늘 '끙끙' 힘주는 소리와 함께였고, 그 소리에 깨어난 현이는 오래도록 울었다.

나는 현이를 달랠 방법을 알지 못했다. 서툰 엄마의 손길이 닿자마자 몸을 뻗대고 울어 버렸으니까. 엄마 냄새는 아이를 진정시키지 못했다. 현이를 안고 흔들다 마지막 방법으로 젖을 물려 재우곤 했다. 그동안 울음이 무색하게도 현이는 몇 초 만에 잠들어 버렸지만 이 순간은 길게 이어지지 않았다. 온몸에 힘을 주며 끙끙대다 불과 십여 분 만에 다시 일어나 울기 시작했다.

4개월,
자주 깨어 울다

　　수면 교육이란 책은 모두 찾아 읽었다. 신생아는 열여섯, 열일곱 시간도 자고 백일이 지나면 보통 열네 시간 이상 잔다는데 현이의 수면 시간은 낮잠과 밤잠을 합쳐 열두 시간 남짓. 현이가 자는 방은 암막 커튼으로 빛 하나 들어오지 않을 만큼 칠흑 같았고 수면에 도움을 준다는 백색소음이 끊이지 않았다.

　수면 교육 중 하나인 아이를 토닥거리면서 쉬- 소리를 내는 '쉬닥법'을 시도하기도 했다. 얼마나 쉬-를 외쳤는지 입에서 쉰내가 나는 것 같았지만 이런 노력도 통하지 않았다. 엄마 품에서 잠든 아이를 바닥에 내려놓으면 깨었을 때 놀랄 수 있다는 말을 듣고 눈이 감길락 말락 할 때 눕히는 '안눕법'도 해 봤지만 허사였다.

낮잠은 더 힘들었다. 마치 잠을 자지 않으려고 기를 쓰는 사람처럼 졸린 눈으로 연거푸 하품을 하는데도 좀체 잠들지 않았다. 낮잠은 짜증 섞인 잠투정을 끝낸 뒤 비로소 시작됐다. 졸음의 끝을 넘어 흥분 상태에 들어간 후에야 기절하듯 잠들곤 했다. 낮잠 시간은 아주 짧았다. 오전 낮잠은 고작 27분, 매번 정확하게 27분이었다. 마치 알람이라도 맞춰 놓은 듯 잠든 지 딱 27분 만에 깨서 보챘고 자는 내내 아기띠로 안고 있어도 삼십 분을 채우지 못했다. 오후 낮잠도 길어야 한 시간 남짓했다. 간혹 오전 낮잠을 빼먹은 날에는 세 시간 이상의 폭풍 같은 낮잠을 보여 주기도 했다.

푹 자지 못하고 자주 깨어 우는 아이가 있다면 최대한 아이 입장에서 편하게 잘 수 있는 방법을 찾았으면 좋겠다. 나는 그렇지 못했다. 몇 가지 수면 교육을 시도했고 분 단위로 수면 시간을 기록했으며 수면 루틴을 만들기 위해 시간에 맞춰 억지로 재우기도 했다. 부끄럽게도 우는 현이를 내버려 둔 적도 있었다. 친정엄마가 말했다. 아이를 위해 뭐든 해 주라고. 걸으면서 둥개둥개 하든 집 안에서 유모차를 끌든 뭐든 하라고.

수면 교육을 말하는 사람들은 임기응변 육아야말로 아이에게 도움이 되지 않는다고 주장한다. 젖을 물려서 재워서도 안 되고 인공 젖꼭지 사용도 주의해야 하며 아이를 흔들어 재우는 것도 좋은 방법이 아니라고 말이다.

시간이 지날수록 자연스레 수면 교육과 멀어졌다. 젖을 먹이며 재웠고 흔들어 재우기 용이한 아기띠는 낮잠 재우기 필수품으로 등극했다. 때때로 유모차나 카시트를 활용했고 조금이라도 더 재우기 위해 현이가 깰 때까지 그대로 안고 있기도 했다. 그리고 지금은 현이와 한 이불을 덮고 자고 있다.

6개월,
불러도 쳐다보지 않다

 백일의 기적은 일어나지 않았다. 수면 부족으로 인한 만성 피로가 이어졌다. 때때로 그 원인을 나 자신에게 돌리기도 했다. 나는 아이를 잘 돌보지 못하는 사람이었다.
 이맘때 즈음, 조리원 동기들의 집을 오가며 시간을 보내곤 했다. 아이들에 대한 이야기를 나누던 중 문득 현이가 반응이 늦다는 걸 깨달았다. 한 조리원 동기는 아이가 기저귀를 갈 때마다 엉덩이를 살짝 들어 올리는 것 같다며 자랑스레 말하곤 했다. 이제 6개월 된 조그마한 아이가 뭘 안다고! 그건 현이에게 찾을 수 없는 모습이었다. 누워 있는 현이를 안으려 할 때도 나를 향해 몸을 움직이지 않았으니까. 다른 아이들은 엄마 쪽으로 몸을 기울이려 노력했지만 현이가 그런 행동을 하는 경우는 드물었다. 눈을 마주 보며 웃기도 했지만 대체로 현이는 사람에 대한 반응이 미지근했다. 누군가 불러도 쳐다보지 않았고 모빌 같은 것만 응시한 채 가만히 있는 경우가 잦았다(생후 6개월, 전형적 발달 아이와 비전형적 발달 아이의 반응을 비교한 영상 참조˚).

성장 앨범을 촬영했던 8개월 무렵에도 현이는 이름을 부르는 엄마나 아빠를 바라보지 않았다. 나와 눈이 마주치면 웃음 짓는 일도 촬영 중에는 나타나지 않았다. 대신 현이의 시선이 카메라 렌즈를 향하도록 손뼉을 치거나 장난감으로 소리를 냈다. 웃는 표정을 만들기 위해 남편은 현이의 얼굴 앞에서 '훅' 바람을 불었다. 그게 간지러웠는지 현이가 해맑게 웃었다.

현이를 촬영한 동영상에서 가장 많이 나온 말은 다름 아닌 "엄마 봐봐". 다른 곳을 쳐다보는 현이를 향해 이름을 부르다 끝내 "엄마 봐봐"를 외치곤 했다. 현이는 나를 바라볼 때도 있었지만 대부분 스쳐 지나가듯 얼굴만 살짝 본 뒤 자기 관심이 가는 곳으로 고개를 돌렸다.

9개월, 사물에 관심이 많다

　　　　수면과 관련된 문제를 제외하면 현이는 순한 편이었다. 잠투정 외에 다른 이유로 우는 일은 드물었다. 엄마가 보이지 않거나 낯선 사람이 다가와도 울지 않았다. 7개월 즈음 조리원 동기 일곱 명과 우정 사진 촬영을 할 때 유일하게 울지 않은 아이가 바로 현이였다.

　조리원 동기 중 유독 낯가림이 심한 아이가 있었다. 엄마가 일 초만 보이지 않아도 울먹이고 엄마 곁에 껌딱지처럼 붙어 있기만 했다. 그 모습을 보며 엄마도 참 힘들겠다고 생각했다. 현이는 그렇지 않았으니까. 엄마가 있으나 없으나 개의치 않왔다. 바운서에 누운 채 음악 소리를 들으며 빙글빙글 돌아가는 모빌을 보는 현이는 평화로워 보였다.

"이렇게 순한 애가 어디 있다고 그러니?"

친정엄마는 혼자서 잘 논다고 아이가 순하다며 칭찬하곤 했다. 백일 무렵까지 현이를 봐주던 이모님의 반응도 비슷했다.

사실 현이는 사람보다는 사물에 관심이 많은 아이였다. 옆에 '누가' 있는지보다는 옆에 '무엇'이 있는가에 더 집중했다. 딸랑이를 흔들거나 떨어뜨리면서 탐색하길 좋아했고 장난감 피아노 건반을 하나하나 반복해서 누르는 놀이도 자주 했다.

현이의 낯가림은 뒤늦게 찾아왔다. 18개월 즈음 시작해서 세 돌이 될 때까지 지속되었다. 현이는 낯선 사람이 자신을 바라볼 때마다 소리를 질렀다. 말을 잘 못 할 때는 신경질적인 소리로, 말을 시작한 후부터는 "저리 가! 보지 마!"라고 강하게 대응했다. 엘리베이터에 같이 탄 이웃의 미소 띤 눈길에도 현이는 "보지 마!"라고 소리 높여 말했다.

놀이 선생님은 불안이 높기 때문이라고 이유를 설명했다. 낯선 사람에 대한 강한 반응은 "나는 이 사람이 무서워요. 불안해요"라는 감정을 표현하는 것이라고. 언어 선생님은 영유아 발달 과정에서 일반적으로 거쳐야 하는 낯가림 같은 행동은 조금 늦더라도 경험하는 것이 좋다고 말했다. 그 과정이 종국에는 아이의 발달에 도움이 된다고 말이다.

뒤늦은 낯가림에 대한 정답은 없었다. 낯가림이 절정에 달했을 무렵에는 다른 사람들과 같은 공간에 있는 상황을 피하는 게 최선이었다. 모르는 사람이 타고 있는 엘리베이터에는 아예 발을 들이지 않았다. 사람이 많은 곳에 가더라도 낯선 사람을 곁에 두지 않았다. 어쩔 수 없이 낯선 이와 함께 있어야 할 때는 현이가 그쪽을 보지 못하도록 다른 곳으로 관심을 유도했다.

사실 현이는 사람보다는
사물에 관심이 많은 아이였다.
옆에 '누가' 있는지보다는
옆에 '무엇'이 있는가에 더 집중했다.

12개월,
행동을 따라 하지 않다

 현이를 낳은 뒤 내 시계는 멈춰 있었다. 그 시간 동안 현이는 무럭무럭 자랐다. 52센티미터로 태어난 현이는 어느새 78센티미터가 되었고 눈도 제대로 못 뜨던 것이 눈웃음도 치기 시작했다. 엄마의 시간을 고스란히 받아 제 것으로 알뜰히 소화시킨 아이. 시간은 거짓말을 하지 않았다.

 현이는 가끔 기적을 보여 주기도 했다. 인내의 한계를 넘어 짜증, 짜증이 체념으로 바뀌고 난 다음에도 한참 시간이 흘러 포기란 말이 무색해질 즈음, 드디어 현이가 조용히 잠드는 날이 찾아왔다. 기저귀를 갈고 난 뒤 현이가 바지도 입지 않은 채 이불 속으로 들어갔다. 아직 걷지 못했으므로 네 발로 헤엄치듯 기어간 아이는 좌우로 몇 번 움직이다가 조용히 잠들었다. 그러나 기적은 단 한 번, 현이는 원래의 모습으로 돌아갔다.

한 살이 된 현이는 한밤중에도 몇 번씩 깨어나 나를 찾았다. 밤잠 들고 삼십 분 무렵이 가장 흔하고 이후로는 한두 시간 간격으로 울먹였다. 다행히 그 울음은 예전처럼 길지 않았고 엄마를 확인한 이후엔 오래지 않아 잦아들었다. 이제는 엄마가 없으면 깊게 잠들지 못하고 잠자는 동안에도 옆에 엄마가 있는지 수차례 확인하는 아이가 되었다.

여전히 뭔가 다른 점도 눈에 띄었다. 현이는 엄마나 아빠가 하는 행동을 따라 하지 않았다. 도리도리, 잼잼짬짬, 곤지곤지 등 돌 무렵 아이들이 한다는 개인기도 없었다. 그나마 좋아했던 건 까꿍놀이. 두 손으로 얼굴을 가렸다가 손을 떼면 현이가 자지러지게 웃곤 했다. 까꿍놀이를 할 때 우리의 거리는 약 10센티미터. 현이와 내가 편안함을 느끼는 거리다. 이렇게 가까이 얼굴을 마주할 수 있는 사람이 얼마나 될까. 느림에 대한 불안을 떨쳐내지는 못했지만 현이는 제 할 일을 하듯 묵묵히 자랐다. 천천히 자기 속도에 맞춰서.

18개월, 좋아하는 것이 명확하다

현이는 장난감에 대한 취향이 확실했다. 자동차, 블록, 인형 등에는 관심이 없었고 북이나 피아노, 사운드 북과 같이 소리가 나는 장난감만 좋아했다. 마치 공부를 하는 것 같았다. 돼지 그림 버튼을 누르면 돼지 소리, 양 그림 버튼을 누르면 양 소리. 실제로도 각각의 버튼에서 무슨 소리가 나는지 모두 외워 버렸다. 건반을 누르면 각기 다른 클래식 곡이 나오는 장난감 피아노가 있었는데 내가 노래를 흥얼거리기만 해도 그 곡에 맞는 건반을 용케 찾아 누르곤 했다.

두 발로 걷기 시작한 16개월 이후, 현이가 무엇을 좋아하는지 더 명확해졌다. 그건 바로 문. 걷기 전에도 여러 종류의 문 앞에 앉아 문을 여닫으며 시간을 보내곤 했었다. 한때 국민 대문으로 유명한 장난감도 사 주었지만 장난감보다는 진짜 문을 더 좋아했다.

내부가 투명하게 들여다보이는 엘리베이터도 현이의 최애 아이템이었다. 백화점에 갈 때마다 투명 엘리베이터가 보이기만 하면 그곳으로 직진했다. 느릿느릿 걷던 현이도 이때만은 달랐다. 종종걸음으로 엘리베이터를 찾았다. "엘리베이터가 그렇게나 좋아?"라고 말을 걸어도 현이는 아무 반응이 없었다. 현이의 눈에는 오로지 엘리베이터만 보이는 것 같았다.

그리고 19개월, 현이가 눈을 흘기기 시작했다. 현이는 길게 이어지는 벽을 따라 걷거나, 세모와 네모 등 패턴이 반복되는 보도블록 바닥을 밟을 때마다 눈을 흘겼다. 마트에 가면 냉장 진열대 아랫부분, 냉기가 나오는 구멍을 보며 눈을 흘기곤 했다. 눈을 흘기는 것을 처음 보았을 때 충격을 많이 받았다. 남편은 혹시나 다른 사람이 볼까 봐 두 손으로 현이의 눈을 가렸다. 나 또한 눈을 흘기는지 시시각각 확인하다가 나중에는 아무 일도 일어나지 않은 듯 아예 모른 척했다. 내가 할 수 있는 것은 아무것도 없었다. 그때마다 제지할 수도 없었고 야단칠 일은 더더욱 아니었다.

눈 흘김은 4~5개월쯤 지속되다 조금씩 잦아들었다. 대신 길바닥 맨홀 뚜껑 구멍 속을 쳐다보거나 고여 있는 물웅덩이를 보는 행동이 새롭게 나타났다. 의미 없이 책장을 넘기는 것도 그중 하나였다. 유모차가 움직일 때마다 돌아가는 바퀴를 보는 것도 좋아했다. 에어컨 실외기를 지나칠 때마다 팬이 돌아가는지 일일이 확인하는 행동도 이즈음 시작되었는데 이 버릇은 세 돌이 될 때까지 길게 지속되었다.

24개월, 드디어 첫 말을 하다

현이는 언어치료를 하면서 모음 내는 법을 배웠다. 아, 에, 이, 오, 우. 모음과 비슷한 ㅇ과 ㅁ을 배웠고 ㅂ과 ㅃ으로 확장했다.

현이가 처음으로 말한 단어는 다름 아닌 '무'였다. '물'에서 받침을 제대로 발음하지 못해서 나온 '무'. 소리 내기 쉬운 모음 계열의 ㅁ에서 받침을 뺀, 나름 과학적인 이유로 나온 단어이기도 했다. 현이의 첫 말을 듣고 무한한 감동을 느끼진 않았다. 대신 이제부터 시작이라는 굳은 각오를 다졌다. 그리고 두 돌을 며칠 앞두고 드디어 '엄마'를 입 밖으로 내뱉었다.

"말을 못 해 걱정했는데 이제 엄마라는 말도 하고 얼마나 다행인지 모르겠다."

시어머니의 반응에 남편은 "강아지는 어떻게 짖지? 야옹이는? 염소는 어떻게 울지?"라고 물으며 현이가 할 수 있는 모든 소리를 들려주었다.

"멍멍, 야옹, 메에~."

말 늦은 손주 걱정으로 불안한 날들을 보내던 어머니는 한참 늦은 아이의 개인기를 보며 고개를 끄덕였다. '이제 말을 시작했으니 다 됐다'라고 생각했을 수도 있다. 다만 언어를 실생활에서 어떻게 사용하는가는 전혀 다른 문제였다.

"엄마!"

현이가 처음으로 엄마나 아빠라고 말할 때의 기쁨을 나는 알지 못한다. 엄마라는 단어를 쓸 일이 참 많을 것 같은데 현이는 의외로 이 말을 자주 하지 않았다. "엄마 해 봐"라는 말에 "엄마"라 말하면서도 자기가 필요한 순간에는 "엄마"라고 부르지 못했다. 엄마를 부르면 엄마가 온다는 너무나 당연한 사실을 모르는 것 같았다. 그래서 가르쳤다. 필요할 땐 엄마라고 부르는 거라고.

말을 할 수 있는데도 다른 사람의 손을 잡고 자신이 원하는 곳으로 끌고 가는 크레인 현상이 한동안 지속되었다. 나는 "엄마, 이거!"라고 말하며 손가락으로 가리키는 포인팅을 알려 주었다. 싫다는 표현으로 고개를 도리도리 흔들거나 좋다는 의미로 고개를 끄덕이는 법도 가르쳤다.

발음도 뭉개지고 억양도 이상하고 고개 끄덕이는 것도 못해 엉덩이를 들썩이며 "응"이란 대답을 하기 일쑤지만, "아니"라는 말도 결국은 내가 먼저 말한 뒤 따라 하는 수준이지만 그래도 현이와 소통이란 걸 하기 시작했다.

30개월, 또래보다 발달이 느리다

어린이집에 다닌 건 30개월 무렵이었다. 처음에는 통합어린이집*에 대기를 걸었다가 집 근처 소규모 민간 어린이집에 보내기로 마음을 바꿨다. 현이의 경우 통합어린이집을 고집할 필요가 없으니 또래 모방을 할 수 있도록 하루라도 빨리 어린이집에 보내라는 게 전문가의 조언이었다.

어린이집에 보내기 전, 원장님과 상담을 했다. 말이 늦어서 언어치료를 받는다는 말씀을 드렸다. 발달센터 수업 때문에 등원하지 못하는 날이 있을 거라고 양해도 구했다. 낮잠 재우는 게 힘든 아이라 점심만 먹고 바로 하원하기로 했다. 어린이집에서 아이가 보낼 시간은 오전 9시 30분부터 오후 1시까지, 대략 세 시간 남짓. 이 정도면 해 볼 만하다 싶었다. 첫 등원 날, 담임 선생님께 장문의 쪽지를 보냈다.

- 어린이집이 안전한 공간임을 알려 주고 아이가 탐색할 수 있는 시간을 주세요.
- 아이보다 앞서 반응하기보다는 아이가 스스로 다가갈 때까지 기다려 주세요.
- 아이가 울 때는 무언가 하기보다는 차분히 기다려 주세요.
- 자극을 주지 마세요.
- 전반적으로 불안이 높은 아이라서 사람과 장소에 익숙해질 시간이 필요합니다.

어린이집 적응은 순탄치 않았다. 이틀 동안은 한 시간 정도 현이 옆에 머물면서 어린이집 분위기만 파악했다. 사흘째부터는 삼십 분 정도 현이 곁에 앉아 있었고, 나머지 시간은 현이와 조금 떨어져 수업을 지켜보다 같이 하원했다. 2주 차부터는 현이를 교실에 데려다준 뒤 인사를 하고 바로 헤어졌다. 그때마다 현이는 울었다. 여기서 중단하면 아무것도 하지 못할 것 같아 우는 현이를 맡기고 도망치듯 밖으로 나갔다. 그렇게 3주, 4주, 현이는 어린이집 앞에서 눈물 콧물을 쏟았다.

이렇게까지 해서 어린이집에 보낼 필요가 있을까? 몇 번이고 고민했다. 그때마다 독하게 마음먹었다. 어린이집에서 별 어려움 없이 잘 생활한다는 선생님 말씀도 힘이 되었다. 그렇게 한 달여 만에 현이는 울지 않고 어린이집 등원에 성공했다.

하지만 몇 주가 지나 난데없이 퇴행이 찾아왔다. 또다시 어린이집 등원을 거부한 것이다. 막상 교실에서는 울음을 뚝 그친다는데 이상하게도 어린이집 앞에만 가면 기를 쓰고 들어가지 않으려 했다. 마치 도살장에 끌려가는 소처럼 현이는 선생님 품에 안긴 채 두 손을 나에게 내밀었다. 나는 이를 꽉 악물었다. 매몰차게 돌아섰다.

발이 닿는 대로 무작정 걷다가 심리상담가로 활동하는 새언니에게 전화를 걸었다. 이렇게 하는 게 잘하는 거냐고, 도대체 내가 어떻게 하면 되냐고. 언니가 말했다.

"잘했어요. 어린이집에 보내기로 했으면 그렇게 하는 게 맞아요."

나는 현이가 자폐일지 모른다는 말을 들었다고, 내 안에 몰아치는 불안을 내비쳤다. 인적 뜸한 공원 벤치에 앉아 많이 울었다.

 현이는 하루이틀 동네가 떠나갈 듯 울음을 선보인 후에야 완전히 정착했다. 이후 특별한 사건은 일어나지 않았다. 가끔 학부모 참여 수업을 통해 또래보다 느린 현이를 확인하긴 했다. 블록을 맞추는 시간, 현이는 블록을 맞추기보다는 이 블록, 저 블록을 만지작거리기에 바빴다. 다른 아이들이 블록을 완성하고 나면 선생님은 으레 그랬다는 듯 현이에게 다가가 재빠르게 블록을 맞춰 주었다.

 어린이집 사진 속 현이는 표정이 없었다. 웃는 것도 아니고 슬픈 것도 아니고 찡그리는 것도 아니었다. 입술을 꾹 닫은 현이는 비장해 보였다.

Part 3

느리다
예민하다
독특하다

당신의 세 살짜리 아이가 세상에서 가장 멋진 깃발을
발견하는 게 문제가 될까요?
아니요.
당신의 두 살짜리 아이가 수프 깡통을
유난히 좋아하는 게 문제가 될까요?
전혀요. 그게 뭐든 문제 될 게 없어요.
이런 관심사가 발전해서 다른 주제나 아이디어로 이어질 수 있고,
그게 아이에게 어떤 변화를 일으킬지 지켜보면 돼요.

_ 토머스 암스트롱, 《증상이 아니라 독특함입니다》

지켜야 할 루틴이 많아지다

현이는 나날이 발전하고 있었다. 22개월 언어치료를 시작한 이후 반년 만에 100개 이상의 단어를 말할 수 있었다. 이어 "좋아", "싫어" 등의 표현도 하고 어눌하긴 하지만 "나중에 먹어"와 같은 문장도 익혔다. 무엇보다 사람들에게 관심을 표시했고 눈맞춤도 길어졌다. 동시에 걱정되는 부분도 나타났다.

이 무렵 유모차 산책은 낮잠을 위한 우리의 중요한 일과였다. 오전에는 어린이집에 가거나 발달센터에서 수업을 듣고 간단히 점심을 먹었다. 오후에는 현이를 유모차에 태우고 동네를 산책했다. 열에 대여섯 번은 유모차에서 낮잠을 재운 뒤, 잠이 들면 집에 들어가 현이를 눕혔다. 나머지 서너 번은 유모차에서 집으로 안고 가는 과정에서 현이가 깼다. 고작 이십 분 남짓, 짧은 낮잠을 잔 현이는 다시 잠들지 않았다. 이런 이유로 가능하면 유모차에서 잠든 현이가 깰 때까지 자리를 옮기지 않았다. 현이가 잠들면 아파트 단지 한편에 유모차를 세워 두고 현이가 깨기만을 기다렸다.

낮잠을 재우고 돌아온 어느 날, 비밀번호를 눌러야 문이 열리는 공동 현관 앞에 섰다. 대개 현이가 직접 비밀번호를 눌렀지만 유모차에 누워 있는 현이를 일으켜 세우는 게 번거롭게 느껴졌다. 내가 비밀번호를 누르자마자 현이가 두 발을 있는 힘껏 뻗치며 울기 시작했다. 이리저리 몸을 움직이다 안 되겠는지 고사리 같은 손으로 자기 가슴을 치며 서럽게 울부짖었다. "현이가! 현이가! 현이가!" 정확하지 않은 한껏 뭉개진 발음으로 '내가'라는 말 대신 자기 이름을 부르면서.

당시 현이는 공동 현관 비밀번호를 자신이 눌러야 하는 규칙 같은 게 있었다. 그 사실을 모르지 않았지만 한 번쯤은 그냥 넘어갔으면 싶었다. 루틴을 깨뜨리고 싶은 도전의 의미도 있었을 것이다.

현이는 지켜야 할 루틴이 많은 아이였다. CD를 듣는 데도 규칙이 있었다. 무조건 트랙 넘버 1부터 들어야 했다. 예외는 없었다. 노래 중간에 멈추는 것도 불가능했다. 반드시 노래가 끝날 때까지 들어야 했다. 엘리베이터도 비슷했다. 창밖이 보이는 투명한 엘리베이터가 있으면 어떤 경우에도 그 엘리베이터를 타야 했다. 자신이 원하는 엘리베이터에 타지 않았다고 사람들 많은 곳에서 고래고래 소리를 지른 적도 있었다.

그때마다 내가 보인 태도는 대부분 '허용', 때때로 '회피'였다. 현이를 상대로 바닥까지 이어지는 감정적 실랑이를 피하고 싶었다. 사람들이 많은 곳에서는 현이를 안고 밖으로 나갔다. 가끔은 정말 화가 나기도 했다. 그럴 때는 현이가 울든 말든 내버려두었다. 나는 현이를 '무시'했다.

지금 할 수 있는 수준에서 최선을 다하면 된다고 수십 번 다짐했지만, 평범하지 않은 아이에 대한 가능성을 확인할 때면 억장이 무너졌다. 이제는 별것 아닌 일에 자기 방식을 고집하는 현이가 보이기 시작했다. 마치 강박과 비슷한.

찬송가 1장부터
100장까지 외우다

세 살 무렵부터 현이를 데리고 놀이터를 돌아다니기 시작했다. 아이들이 노는 시간에 맞춰 놀이터에 은근슬쩍 현이를 밀어넣었다. 처음 보는 아이에게는 "몇 살이니?"라고 내가 먼저 묻고 "형이네, 누나네, 동생이네"라고 말하며 현이에게 알려주었다.

현이는 다른 아이들과 어울리는 것 같다가도 아주 사소한 일에 한눈을 팔곤 했다. 가령 시소 밑 나사 빠진 구멍 같은 것들. 현이는 나사 빠진 구멍을 바라보며 손끝으로 그 부분을 매만졌다. 다른 시소로 다가가 나사가 빠져 있는지 거듭 확인하기도 했다.

"엄마, 이거 이상해."

"나사가 빠져서 그런가 봐."

"이거 왜 고장 났어?"

"글쎄, 너무 오래돼서 그런 걸까?"

"엄마, 근데 이거 왜 고장 났어?"

현이는 한동안 나사 구멍에서 빠져나오지 못했다. 시소 사이를 왔다갔다하며 나사 구멍을 찾아다녔다.

시간이 지나면서 또래에 대한 관심은 늘었지만 지나치게 자기중심적인 점이 문제였다. 자기 마음대로 되지 않으면 버럭 화를 냈다. 빈 시소에 다른 아이가 타려고만 해도 소리를 질렀다. "이거 내 거야!" 놀이터에서 날카로운 현이의 목소리를 들은 적도 여러 번이었다.

한번은 놀이터가 쩌렁 울릴 정도로 현이가 고함을 질렀다.

"나, 삐졌어. 너랑 안 놀아!"

알고 보니 다른 아이의 킥보드를 자신의 것으로 착각해 벌어진 일이었다. 킥보드를 사이에 두고 약간의 소란이 일었고, 그 와중에 현이가 소리를 지른 것이었다.

"나, 삐졌어. 너랑 안 놀아."

킥보드가 제 것이 아님을 알게 된 후에도 계속해서 이 말이 현이의 입가에 맴돌았다. 불편했던 아이와 엄마가 조용히 자리를 옮겼다.

이런 상황을 방지하기 위해 나는 매번 현이 곁을 지켰다. 큰소리가 나면 바로 개입해야 했으니까. 다른 엄마들이 멀찍이 떨어져 앉아 대화를 나누는 모습과는 대조적이었다. 우연히 어린이집 엄마들을 만나 이야기를 나눌 때도 내 시선은 현이를 떠나지 못했다. 현이는 놀이터에서 즐거운 시간을 보내지 못했다. 나도 마찬가지였다.

이즈음 어린이집 상담에서 현이가 친구들과 어울리지 못한다는 피드백을 들었다. 함께 노는 방법을 모른다고 했다. 실제로도 현이는 친구들과 어떤 방식으로 놀아야 하는지 전혀 감을 잡지 못했다. 현이는 마치 외우려는 것처럼 같은 놀이를 반복했다. 일종의 패턴화. 다른 아이들이 자유롭게 놀이를 변형하며 재미를 찾는 것과 달리 현이는 처음 놀았던 방식을 그대로 따를 때 편안함을 느끼는 듯 보였다. 고집도 세서 자기만의 방식이 생기면 무조건 따라야 했다.

반면 이런 생각도 들었다. 노는 방법을 꼭 가르쳐야 할까?

자폐 관련 전문가들은 놀이를 확장해 줘야 한다는데 엄마의 입장에서는 자연스럽게 즐겨야 할 놀이를 하나의 숙제처럼 가르쳐 주는 게 답답했다. 되돌아보면 현이는 언어도 그렇게 배웠다. 다른 아이들이 무심코 단어를 말하고 문장을 만드는 과정을, 마치 외국어를 배우듯 토시 하나 빼지 않고 외우면서 익혔으니까.

어린이집 친구들과 어울리지 못하는 데에는 관심사가 특이한 이유도 있었을 것이다. 현이의 관심사는 다채로웠지만 평범하지 않았다.

네 살이 된 현이는 친정에 갈 때마다 찬송가를 찾았다. 할머니를 옆에 앉혀 두고 찬송가 1장부터 순서대로 부르라고 요구했다. 한때이긴 하지만 100장까지 찬송가를 모두 외울 정도였다. 엄마는 거의 목이 쉴 때까지 찬송가를 불러 주었다.

언젠가 친척들이 모인 자리. 찬송가를 좋아하는 현이를 위해 이모할머니가 스마트폰으로 찬송가를 들려주었다. 스마트폰에서 찬송가가 나온다는 것을 알게 된 현이는 그날 내내 틈만 나면 이모할머니에게 다가가 찬송가를 틀어 달라고 매달렸다. 요구는 집요했다. 좀처럼 사라지지 않고 몇 시간씩 지속되었다. 비슷한 연령의 사촌 무리에 어울리지 못하고 찬송가가 나오는 스마트폰 주변만 맴도는 현이를 보며 가슴을 쓸어내렸다. 이모가 내게 말했다.

"그래도 이렇게 밝게 컸으니 괜찮아."

순간 울컥했다. 그 안에서 '아이가 남들과 좀 다르구나. 네가 많이 힘들겠구나'와 같은 눈빛을 보았다. 내가 느끼고 있는 그것을 다른 사람도 느꼈다는 사실에 와르르 무너졌다. 현이와 눈을 마주치며 인사하려 했던 사촌누나의 얼굴에 희미하게 드러나는 갸우뚱한 의문사. 안테나가 그쪽으로 곤두서서 그런지는 모르지만 사촌누나가 보인 그 미약한 흔들림에 또 구멍이 뚫렸다.

혼자서 다짐하곤 했다. 조금 이상하게 보이더라도 주변에 피해를 주지 않는다면 현이가 원하는 것을 마음껏 탐색하도록 놔두겠다고. 엄밀하게 말해 현이가 상식에서 완전히 벗어난 행동을 하는 것도 아니었다.

현이의 취향이 마음에 들지는 않지만 백화점 투명 엘리베이터 앞을 어슬렁거리는 현이에게 "나중에 세상에서 가장 빠른 엘리베이터를 만들어 봐"라고 얘기하기도 했다. 가끔은 진짜 그런 걸 할 수 있지 않을까, 기분 좋은 상상을 할 때도 있었다. 그런데도 절망의 순간들은 불쑥불쑥 나를 찾아왔다.

"제가 정상 발달 아이를 키워 보지 못해 잘 몰라서요."

온라인 커뮤니티에 누군가 남긴 말이다. 남다름은 버겁지만 그 다름을 비정상으로 생각하지 않았다. 백번 양보해 비정상이라 하더라도 나쁜 건 아니니까. 그저 남들과 다르다는 거니까. 정상과 비정상을 나누지 말고 편견 없이 바라보면 되지 않을까 생각했다. 그렇게 하다 보면 그 다름의 끝에 뭔가 보이지 않을까. 너의 삶이 오롯이?

부정보다는 차라리 긍정. 우리에게는 초긍정 마인드가 필요하다.

바라보는 것과
보지 않는 것의 차이

현이는 말이 느렸지만 언어 지연이 심한 편은 아니었다. 29개월과 35개월에 받은 언어검사˚에서 표현언어˚만 4~6개월 지연, 40개월 검사에서는 수용언어˚, 표현언어 모두 제 월령보다 빠르게 나왔다. 다만 대화를 주고받는 화용언어˚는 예외였다. 항상 미흡하다는 평가를 받았다.

대표적으로 나, 너, 우리와 같은 인칭대명사 쓰는 것을 어려워했다. '나' 대신 "현이는 딸기를 좋아해"라고 말하는 식이었다. 상대적으로 쓰이는 말은 설명하기 복잡하다. "현이가 현이에 대해 말할 때는 '나'라고 해야지. 그런데 엄마가 말할 땐 엄마가 '나'라고 해야 해." 이런 설명을 현이에게 할 수는 없었다.

비슷한 문장을 반복하며 패턴을 만드는 경향도 있었다. "소리 지르면 나쁜 어린이야. 소리 지르면 착한 어린이 아니야. 소리 안 지르면 착한 어린이야"처럼. 때로는 자신이 먼저 말하고 그 말을 따라 하라고 요구하기도 했다. "이건 새우볶음밥이 아니고 새우버섯볶음밥이야"라고 말하며 "엄마도 해"라는 식이었다.

"점심 뭐 먹었어?"와 같이 답이 매번 달라지는 질문에도 똑같은 대답을 했다. 한동안 현이는 김치맨이자 예스맨이었다. 점심으로 무엇을 먹었는지 묻는 말에 항상 "김치"라고 말했다. "맛있었어?"라고 물어도 무조건 "응", "뭐가 제일 맛있었어?"라고 물어도 "김치"였다. 가끔 "김치 말고 뭐가 맛있었어?"라고 물으면 "밥"이라고 말하기는 했다.

49개월, 종합심리검사를 받았다. 흔히 '풀배터리*'라 불리는 이 검사는 정서, 인지, 사고, 행동 습관 등에 관한 검사를 동시에 진행한다. 대표적으로 지능검사*를 포함하고 있기 때문에 지적장애에 대한 확인도 가능하다.

현이의 검사 결과는 비언어성 학습장애*와 사회적 의사소통장애* 의심. 지능검사에서 동작성 지능이 언어적 지능보다

20점가량 낮고 화용언어가 부족하기 때문이었다. 지능은 평균 범주 안에 있어 지적장애는 해당 사항 없음. 여기에 또 하나 추가해 ADHD를 염두에 둬야 한단다. 검사 중 산만한 모습이 관찰되었는데, ADHD 여부는 만 6세 이후 검사를 통해 알 수 있다고 했다.

61개월, 다시 받은 종합심리검사에서는 전체 지능이 평균보다 조금 높은 평균 상ㅗ 수준. 참고로 지능검사는 매우 낮음 / 낮음 / 평균 하 / 평균 / 평균 상 / 우수 / 매우 우수로 구분된다. 20점가량 차이 나던 언어성 지능과 동작성 지능 편차도 4점으로 거의 사라졌다. 의사 선생님은 사회성 부분이 선택적으로 떨어지니 사회적 의사소통장애˚가 의심된다고 말했다. 여전히 ADHD에 대한 가능성도 열어두었다.

자폐스펙트럼장애의 경우 ADHD를 동반하는 경우가 흔하다. 자기 관심사에만 몰두하고 그 외의 것에 집중하지 못하는 모습과 감정을 조절하지 못해 화를 내거나 소리를 지르는 부분도 비슷하다. 일부 ADHD 아동은 자폐스펙트럼 아동과 동일하게 감각 문제를 갖고 있다고 한다.

주기적으로 검사를 받으며 깨달은 사실이 하나 있다. 검사 결과는 변할 수 있다는 것. 검사 당일 컨디션에 따라 달라지는 것은 물론 몇 개월 사이에 급속도로 발전한 모습을 보여 주기도 한다. 하물며 지능지수도 바뀐다. 변동 가능한 게 검사라면 이에 따른 진단도 완전하지 않다.

현이가 남들과 다르다는 사실은 알고 있었다. 다만 그 다름을 걸림돌로 여기고 싶지 않았다. 아이를 있는 그대로 바라보는 엄마가 되고 싶었다. 결코 쉽지 않은 일이지만 그렇게 하고 싶었다. 검사 결과는 현재 상태일 뿐 아이는 느리더라도 성장하고 있으니까.

두 돌 무렵, 자동차 백미러로 뒷좌석 카시트에 앉아 있는 현이를 바라보곤 했다. 현이는 CD에서 흘러나오는 노래에 푹 빠져 있거나 창밖으로 스쳐 지나가는 간판이나 신호등, 콘크리트 벽이나 나무 울타리 등을 무표정하게 바라보고 있었다. 이름을 불러도 나를 쳐다보지 않았다. 발달이 늦은 아이를 키우는 엄마들의 고민, 호명반응 부족. 그렇게 삼 년이 흘렀다.

장애와 비장애, 그 구분이 마음에 들지는 않지만 현이는 그 어딘가에서 자신만의 속도로 자라고 있었다. 앞으로 현이가 자폐스펙트럼장애, ADHD, 비언어성 학습장애 혹은 사회적 의사소통장애와 같은 영역에서 자유로울지 잘 모르겠다.

이 다름을 어떤 식으로 마주할지가 앞으로 풀어야 할 숙제겠지.

다시 백미러에 비친 현이를 보았다. 노랫소리를 듣는 건지, CD 플레이어 모니터를 뚫어져라 쳐다보는 현이를 향해 이름을 불렀다.

"현이야!"

거울 속 현이가 나를 바라보며 웃는다. 바로 이 차이. 나를 바라보는 것과 보지 않는 것. 문득 그런 생각이 들었다. 나를 바라봐 줘서 고맙다는. 어쩌면 나는 행복한 고민을 하고 있는지도 모른다. 아이와 눈 마주치며 웃을 수 있다는 것, 감사하고 고맙다.

장난감 세상에 온 걸 환영해

만 세 살, 초코 머핀과 로보카 폴리
만 네 살, 초코 머핀과 아이스크림 가게
만 다섯 살, 호퍼스 보드게임

 만 여섯 살, 크리스마스 선물은 '변신 로봇 애니멀 킹'이었다. 감각통합 선생님과 로봇을 갖고 논 모양인데, 그 이후 크리스마스 선물로 변신 로봇 애니멀 킹을 사달라고 했다. 로봇 장난감에 관심 없던 아이가 웬일로 이리도 평범한 장난감을, 그것도 변신 로봇을! 그래, 그런 건 얼마든지.

어려서부터 현이는 좋아하는 장난감이 별로 없었다. 자동차, 기차, 공룡, 로봇 등 그 어느 것도 오래 가지고 놀지 않았다. 현이가 즐기던 장난감은 버튼을 누르면 소리가 나는 것들, 악기 장난감이나 사운드 북이 전부였다. 그러다 21개월, 정신과의원 진료를 받은 뒤 사운드 북을 모두 정리했다. 한때긴 하지만 책도 읽어 주지 않았다. 상호작용이 부족한 아이에게 책만큼 일방적인 것도 없다는 의사 선생님의 조언을 들은 직후였다.

이후 상호작용에 도움을 주는 장난감을 수집하기 시작했다. 역할놀이와 상상놀이를 가르치기 위해 '치카치카 목욕놀이', '야채 씻기', '뽀로로 하우스'와 같은 장난감을 구입했다. 부족한 시·지각을 메꾸기 위해 '레고 듀플로' 시리즈를 사 모았고 놀이보다는 학습에 가까운 '밤비노루크'나 '로지코 프리모'를 중고로 들였다. 현이와 마주 보고 앉아 "너는 뽀로로, 나는 에디"라고 부르면서 놀이를 가르쳤다.

어린이날, 생일, 크리스마스를 맞을 때마다 으레 갖고 싶은 선물을 묻곤 했다. 이렇게 설레는 질문에도 현이는 대답을 망설였다. 어마어마하게 풀기 어려운 숙제가 던져진 양 잠시 생각에 잠기다 마지못해 "몰라"라고 말하곤 했다.

온몸이 땀으로 범벅될 정도로 신나게 뛰어다니고,
별것 아닌 일에도 배가 아플 만큼
흐드러지게 웃던 기억.
나는 현이에게 그런 시간을 선물해 주고 싶다.

나에게도 이건 어려운 숙제였다. 현이의 부족한 점을 보충하듯 장난감을 고를 때가 많았지만 현이가 진짜 원하는 것을 사 주고 싶은 마음도 사그라지지 않았다. 때로는 현이가 무심코 내뱉은 말을 떠올리며 선물을 택하기도 했다. 식당에서 옆 테이블에 앉은 아이가 '헬로카봇 댄디 앰뷸런스'를 갖고 노는 걸 보며 "엄마, 나도 저 장난감 갖고 싶어"라고 말하던 걸 떠올리는 식이었다.

만 세 살 크리스마스 때 현이가 받은 선물은 초코 머핀이었다. 언어 선생님이 크리스마스 선물로 뭘 받고 싶은지 물었는데 현이가 "초코 머핀"이라고 대답했단다. 초코 머핀이란 말이 어떤 경로로 나왔는지는 알 수 없지만 그 말을 듣고 진짜 초코 머핀을 샀다. 먹을 것만 주기에는 뭔가 아쉬워 인터넷 검색을 통해 세 살 아이들에게 인기 있다는 로보카 폴리도 함께 구입했다.

만 네 살 크리스마스 때는 현이가 먼저 크리스마스 선물로 초코 머핀을 사달라고 했다. 지난해 초코 머핀을 받았으니 이번에도 역시 같은 것이라고 생각했을 것이다. 나는 초코 머핀에 아이스크림 가게 장난감을 곁들였다. 초코 머핀과 아이스크림 조합만큼 달콤한 건 없을 테니까.

만 다섯 살 크리스마스는 좀 발전했다. 습관적으로 초코머핀을 떠올리는 현이에게 다른 것을 말해 달라고 주문했다. 현이는 주변을 살피며 대답할 거리를 찾았다. 때마침 현이가 즐겨하던 보드게임 카탈로그가 펼쳐져 있었고 현이는 개구리 모양을 닮은 보드게임 사진을 가리키며 이것도 하고 싶다고 말했다. 그래, 이번 크리스마스 선물은 호퍼스 보드게임! 다섯 살 크리스마스 선물은 나름 성공적이었다.

여섯 번째 맞는 크리스마스, 현이는 감각통합 선생님과 놀던 변신 로봇 애니멀 킹이 갖고 싶다고 말했다. 대부분의 변신 로봇 장난감이 그렇듯, 여러 로봇을 합체해 더 큰 로봇을 만드는 장난감이었다. 곧바로 애니멀 킹을 주문했다. 기대는 하지 않았다. 한번 쓱 보고 난 뒤 아무 데나 던져 놓고 끝일 거로 생각했다. 그런데 이 로봇은 좀 달랐다.

현이는 세 개의 몸통으로 분리되는 장난감을 조립하더니 이건 "진화"고 이건 "메가 진화"라고 설명했다. 설명서대로만 조립하는 게 아니라 이건 넣고 저건 빼고 자기 손이 닿는 대로 자유롭게 움직여 놀았다. 완성한 로봇을 베개 뒤편에 세워 두고 유령이 나타나면 지켜 달라고도 했다. 여세를 몰아 할머니 할아버지께는 같은 시리즈인 와일드 킹을 사달라고 주문했다. 장난감 박스에는 그려져 있으나 별매품이라 쓰여 있던 또 다른 변신 로봇이었다.

이런 변화가 반가웠다. 아이답게 논다는 정의가 모호하지만 생각나는 대로 자유롭게 노는 현이가 대견해 보였다. 단 한 번 만에 변신을 완성해야 직성이 풀리는 아이지만, 자기 마음대로 안 되면 짜증부터 내는 아이지만, 머릿속에 이것저것 떠올리며 시도하는 여유를 갖게 된 현이를 응원했다.

장난감 세상에 온 걸 환영해.

가끔 나 자신에게 묻는다.

"인생에서 가장 행복했던 기억은?"

답이 여러 개일 것 같은데 딱히 떠오르지 않는다. 잔잔한 기억은 많으나 두고두고 곱씹을 만큼 행복한 순간은 잘 모르겠다. 인생을 살아가면서 비극적 순간들을 몇 번 마주쳤지만 지나고 보니 그게 그토록 슬픈 순간인지도 확실치 않다. 나는 삶의 희극과 비극을 모두 먹고 자랐고 그렇게 지금의 내가 되었다.

어느 여름날, 오랜 친구들의 가족과 갯벌 체험을 했다. 바닷물이 빠져나간 갯벌에서 모래를 파내고 구멍이 뚫린 곳에

소금을 뿌리면 맛조개가 삐죽 솟을 거라고 했다. 한 시간가량 허탕을 친 뒤, 드디어 친구 한 명이 맛조개 하나를 잡아 올렸다. 세 명의 고만고만한 아이들이 맛조개가 나온 구멍 쪽으로 머리를 들이밀었다. 그중 누군가는 어른들을 따라 모종삽으로 구멍을 파고 또 다른 누군가는 바스켓에 담겨 있는 조개를 만졌다. 여기에 현이는 없었다. 여름의 끝자락, 물놀이에 유독 추워하던 현이는 멀찌감치 떨어진 파라솔 의자에 앉아 과자를 먹고 있었다.

밀물이 시작되자 현이를 포함해 아이들 모두 바닷속으로 뛰어들었다. 갯벌에 자리를 잡은 채 거대한 구멍을 파고 주변에 모래성도 쌓았다. 밀려들어 오는 바닷물에 모래를 단단히 매만졌지만 속수무책이었다. 허리춤까지 올라올 만큼 깊게 파인 구멍이 순식간에 사라졌다.

엄마 친구들 가족과 바다에 갔다.
갯벌에서 맛조개를 잡았는데
처음에는 잘 안 잡혔지만 나중에는 잘 잡혔다.
바다에서 튜브 타고 논 것도 재미있었다.
우리는 함께 즐거운 시간을 보냈다. 기억에 남는다.

집에 도착한 뒤 한 친구가 아들의 그림일기를 보내 주었다.

크리스마스 선물 같은 것 말고 현이에게 무엇을 줄 수 있을지 생각해 보았다. 내가 가장 주고 싶은 건 추억일지도 모르겠다. 온몸이 땀으로 범벅될 정도로 신나게 뛰어다니고, 별것 아닌 일에도 배가 아플 만큼 흐드러지게 웃던 기억. 나는 현이에게 그런 시간을 선물해 주고 싶다. 언제라도 고이고이 꺼내 보며 미소 지을 수 있는.

너에게도 이 순간이 즐거운 기억이길. 하나씩 추억을 켜켜이 쌓아 네가 사람에 대한 신뢰를 갖게 되기를.

이별은 싫고
죽음은 두렵고

　　　　　현이는 이별이나 죽음에 대해 격정적인 반응을 보일 때가 종종 있었다. 오랫동안 사용해 낡고 낡은 유모차 한 대가 있었다. 돌 무렵부터 네 돌까지, 낮잠 재우기 필수 아이템으로 사용하던 유모차였다. 조금 자라서는 차에서 잠든 현이를 안고 가기가 버거워 유모차에 뉜 채 현관까지 옮기는 용도로 썼다. 몸집이 커지면서 차츰 유모차 쓰는 일이 줄었고 제 할 일을 마친 유모차는 현관 신발장 아래 곱게 접혀 있었다. 마치 그게 자기 자리인 것처럼 변함없이.
　그러다 유모차를 버리기로 하고 현이와 함께 폐기물 스티

커를 구입했다. 유모차에 스티커를 붙이고 분리수거장에 놓고 오던 길이었다.

"유모차와 헤어지기 싫어."

대뜸 현이가 말했다. 현이는 분리수거장으로 돌아가 자기 몸무게의 3분의 1이 넘는 유모차를 끙끙거리며 현관 앞까지 끌고 왔다.

"어린이집 갈 때 항상 유모차 친구가 인사해 줬단 말이야. 유모차가 없으면 그렇게 못 하겠지. 나는 쓸쓸해질 거야. 그리고 나는 곧 죽겠지."

지난해엔 어른 몸집만 한 커다란 곰 인형을 버렸다. 거대한 사이즈 때문에 제대로 세탁 한번 하지 못한, 꼬질꼬질한 인형이었다. 한때 현이는 그 인형을 의자처럼 사용했는데 인형 위에 현이가 앉을 때마다 푸슬푸슬 먼지가 흩날렸다. 시간이 지나 가끔 몸을 기댈 때 말고는 쓸모가 없어진 인형을 정리하려고 하자 현이가 말했다.

"그럼, 곰 인형이 죽는 거야?"

"아니, 곰 인형을 하늘나라에 데려다주는 거야. 하늘나라는 좋은 곳이니까."

용케 허락을 받고 현이가 잠든 밤, 50리터짜리 쓰레기봉

투에 곰 인형을 넣었다.

며칠 뒤, 현이가 곰 인형을 데리고 오라며 대성통곡하기 시작했다. 하늘나라에 갔다고 얘기하면 인형이 죽었다고 울고, 인형을 버렸다고 하면 어디에 버렸냐며 소리를 지르고, 인형이 필요한 사람에게 주었다고 고쳐 말하면 왜 자기 인형을 남에게 주었냐고 울먹였다. 이별의 아픔은 잊을 만할 때마다 나타나 일 년이 넘게 지난 뒤에도 가끔 화제에 올랐다.

"엄마, 곰 인형 어디 있어?"

이별에 대한 민감함은 죽음에 대한 두려움으로 이어지기도 했다. 추석 보름달을 보며 현이가 소원을 빌었다.

"죽지 않고 영원히 잘살게 해 주세요."

'잘살게'라는 말보다는 '죽지 않고'라는 말에 뜨끔했다.

현이가 다시 물었다.

"내가 엄마 나이가 되면 엄마는 몇 살이야?"

"그땐 내가 할머니가 됐겠지?"

"내가 만약 할아버지가 되면?"

"엄마는 …… 아마 죽겠지?"

무신경한 대답에 현이는 단번에 얼굴을 일그러뜨리며 울

기 시작했다.

"엄마 그러지 마. 그러면 나 혼자 무섭잖아."

그때 문득 친정엄마를 붙잡고 울던 내 모습이 떠올랐다. 스무 살 무렵 실연의 아픔에 너무 외롭다고, 나중에 엄마가 죽으면 어떡하냐며 울먹였다. 그때 엄마의 한마디.

"너 마흔 넘을 때까지 안 죽어."

그 당시 마흔은 머나먼 미래였다. 나는 엄마의 확신에 찬 말에 안도했다.

이제는 내가 마흔이 되었고, 나를 바라보는 아이를 둔 엄마가 되었다. 자기가 할아버지 나이가 되면 엄마는 몇 살이 되느냐고 묻는 아이에게 그냥 몇 살이 된다고 말해 줄 것을.

가끔, 죽으면 어떻게 되냐고 묻는 현이의 질문에 행복한 하늘나라에 간다고 대답하곤 했다. 하늘나라에 가면 먹고 싶은 초콜릿도 만날 먹고, 과자하고 사탕이랑 마음껏 먹어도 이도 안 썩고, 매일매일 놀다가 잠도 안 자도 된다고.

"엄마는 하늘나라에 가 봤어?"

"글쎄, 잘 모르겠어. 엄마도 기억이 안 나. 너는 엄마 배 속에 있었던 때가 기억나?"

"아니!"

"하늘나라도 엄마 배 속 같은 곳인가 보다."

"그럼 내가 하늘나라에 갔다가 다시 엄마 배 속으로 들어가서 다시 땅나라로 나왔으면 좋겠다. 계속, 계속 그렇게 돌고 돌면 어떨까?"

나는 그렇게 하자고 대답했다. 우리는 그럴 수 있을 거라고. 우리 둘이 다시 태어나, 우리가 지금 살고 있는 이 집에, 너와 내가 다시 만나 이렇게 같이 살아가자고 얘기했다.

나는 현이와 함께한 순간들을 기억하고 싶다. 먼 훗날, 지금 우리의 시간이 찰나의 순간에 지나지 않더라도 내 몸과 마음에 '너와 함께한 시간'을 새겨 놓을 거라고. 우리가 모든 것을 잊더라도 한때나마 함께 있었다는 사실은 변하지 않을 거라고 믿고 싶다.

얼토당토않은 엄마의 말이 죽음에 대한 두려움을 상쇄할 수만 있다면 네가 자라서 엄마가 말도 안 되는 소리를 했다는 걸 알게 되더라도 지금 당장 너에게 안정을 줄 수 있다면……. 우리 다시 만나자. 언제든.

성질 급한
완벽주의자의 시련

현이는 실패를 견디지 못하는 아이였다. 무엇이든 완벽하게 해내길 원하는 아이, 그래서 실패를 두려워하는 아이.

걸음마를 시작하고 수개월 뒤, 놀이터에서 미끄럼틀을 거꾸로 오르는 한 아이를 보았다. 그 아이를 따라 현이도 미끄럼틀 거꾸로 오르기에 도전했지만, 얼마 못 가 주르륵 미끄러지고 말았다. 이윽고 앙칼진 비명이 흘러나왔다. 나는 왜 이걸 할 수 없냐는 울부짖음. 그 울음에서 절망을 보았다. 현이를 안은 채 "너도 연습하면 할 수 있어. 할 수 있을 거야"

라고 다독였다.

 단춧구멍이 헐거워진 옷을 입다가 혼자 힘으로 단추를 채운 어느 날, 현이는 두 번째 단추가 채워지지 않는다며 짜증을 부렸다. 언제나 이런 식이었다. 양말을 신다가도 양말이 제대로 올라가지 않는다며 화를 냈다. 가끔 소리를 지르고 물건을 던지기도 했다.

 엄마로서 어떻게 해야 할지 모를 때가 많았다. 한 번에 성공하지 못하면 곧바로 성질을 부렸다. "네가 속상해서 그랬구나" 위로도 해 보고, "화내지 말고 조용히 말해야 하는 거야"라고 설명도 하고, "너 이러면 엄마도 화난다"라며 엄포도 놓고, 때로는 대놓고 무시했지만 이 같은 일은 하루에도 몇 번씩 반복됐다.

 크리스마스를 축하하는 어린이집 행사, 현이가 피아노 연주를 맡았다. 선생님에 따르면 현이가 자원했단다. 피아노 학원 친구들 중 진도가 빨랐던 현이는 스스로도 피아노를 잘 친다는 자부심을 갖고 있었다. 그 자부심에 나도 어느 정도 지분이 있었다. 뭔가 잘 못 할 때마다 "너는 피아노를 잘 치잖아"라며 위로하곤 했으니까.

 하원 길, 선생님이 내게 피아노 연습을 부탁했다. 집에 오자마자 현이는 악보도 없는 상태에서 오로지 기억에 의지한 채 뜨문뜨문 연주를 시작했다. 귀에 익은 곡이라 대충 어떻게 진행되는지 알 수 있었다. 현이는 어깨에 힘을 가득 실은 채, 독수리 타자를 치듯 엉성하게 피아노 건반을 눌렀다. 나는 손가락 번호를 가르쳐 주며 이렇게 치는 게 더 편하다고 말했다.

"그게 아니라니까."

갑자기 현이가 소리를 질렀다. 내가 전체 곡을 연주하며 "선생님이 가르쳐 준 게 이게 맞지?"라고 확인하면 현이는 박자가 이상하다며 다짜고짜 화를 냈다.

"아니, 그게 아니라고!!!"

보통 때 같으면 그만하자고 말했을 텐데 친구들 앞에서 연주해야 한다는 사실이 이를 가로막았다. 엄마 욕심이겠지만 현이가 엉망진창 연주하는 모습을 떠올리고 싶지 않았다. 이왕이면 실수 없이 쳤으면 좋겠고 한 번쯤 뿌듯한 경험을 했으면 싶었다. 그래서 연습을 강행했다. 현이는 한 음 한 음 잘못 누를 때마다 성을 냈고 여과되지 않는 화가 내 안에 차곡차곡 쌓였다. 내 목소리도 점점 거세졌다.

현이에게 뭔가 가르치려 할 때마다 반복되는 장면이었다.

한글 쓰기를 지도하려다 십 분 만에 포기, 대신 방문학습 선생님을 선택했다. 줄넘기를 가르쳐 주기 위해 특수체육을 시작했다. 나는 현이를 가르칠 수 없었다. 한글 한 자 틀리는데, 줄넘기 한 번 못 넘는데 자지러지듯 화를 냈으니까. 건반 하나 잘못 누를 때마다 이어지는 현이의 분노에 끝내 나도 무너졌다. 결국 고함을 지르고 말았다.

"이제 제발, 그만 좀 하라고! 피아노 연습하지 마."

나는 씩씩거리며 우는 현이를 화장실로 데려가 얼굴과 손과 발을 씻겼다. 울고 있는 현이를 끌고 가 잠옷을 입히고 로션을 바르고 불을 끄고 방문을 닫은 채 터벅터벅 거실로 나왔다. 아무 말도 하지 않았다. 내가 내뱉는 말 한마디가 아이를 다치게 할 거다.

현이가 따라 나오자 현이를 소파에 앉힌 뒤 "네가 뭘 잘못했는지 생각해"라고 말했다. 일종의 타임아웃. 그 와중에 현이는 "내가 왜 그래야 하는데?"라고 대꾸했다.

"조용히 생각만 해."

"엄마야말로 말하지 마."

"너, 정말 구제 불능이구나."

나는 현이의 눈을 쏘아보며 말했다. 순간 현이의 시선이 내게 멈춘 듯하다가 벽 쪽으로 향하는 게 보였다.

"너 뭐 보고 있니?"

"저기 지하철 노선도."

현이는 거실 벽에 붙은 지하철 노선도로 시선을 돌렸다. 한숨이 새어 나왔다.

"그만하자. 내가 너를 데리고 무슨 ……."

현이와 함께 이불 위에 나란히 누워 어둑해진 천장을 바라보았다. 잠시 후 현이가 다가와 내 눈치를 살폈다. 문득 이런 기분으로 하루를 마무리하고 싶지 않았다. 그러면 안 될 것 같았다.

"엄마가 어른인데 너에게 크게 소리 질러서 미안해."

현이도 화를 낸 것과 소리를 지른 것에 대해 미안하다고 사과했다. 나는 "뭐든 처음부터 잘하는 사람은 없어. 잘할 때까지 연습해야지"라고 말하려다 이야기가 길어질 것 같아 그만두었다.

아이를 키우면서 지켜야 할 철칙 같은 게 있었다. 기본적인 사회적 규칙이나 도덕적 가치를 제외하고 사사건건 가르치려 하지 말 것. 아이가 쏟아내는 감정적 배설에 휘둘리지 말 것. 그런데 이를 모두 어기기도 한다. 부끄럽게도 이날 현이를 향해 해서는 안 될 말들을 내뱉었다.

"그렇게 성질부리면서 연습할 거면 차라리 하지 마. 아무것도 배우지 마. 그럼 틀릴 일도 없어. 하지만 너는 바보가 되겠지. 어떤 것도 하지 못하는."

오늘은 여기까지다. 이제 그만, 정말 그만.

태권도 학원에 다닐 무렵, 관장님이 보낸 영상을 본 적이 있었다. 스트레칭과 품새 익히기부터 줄다리기, 훌라후프, 이어달리기와 같은 게임까지, 고만고만한 아이들이 서로 겨루는 영상이었다.

현이는 어떡하든 다른 아이들을 쫓아가려 애쓰고 있었다. 훌라후프를 조금이라도 오래하기 위해 현이가 허리를 돌리다 못해 몸까지 뱅뱅 돌리고 있었다. 엄청나게 이기고 싶었을 것이다. 안타깝게도 결과는 꽝. 현이는 0.1초도 안 되어 훌라후프를 떨어뜨렸다. 그 와중에 동갑내기 친구 하나가 훌라후프를 돌리며 상대 아이의 훌라후프를 떨어뜨렸다. 훌라후프 배틀은 친구의 승.

영상 속 현이는 대단히 작게 보였다. 내 앞이라면 길길이 날뛰며 소란 피웠을 현이가, 훌라후프가 떨어지기가 무섭게 자기 자리에 달려가 앉았다.

'이기고 싶어. 잘하고 싶어. 그런데 나는 못 해.'

온갖 소리가 귓가에 맴돌았을 것이다. 어른인 나조차도 단 한 번의 실패에 몸을 부들부들 떨면서 정작 현이의 절망은 이해하지 못했던 게 아니었나, 후회가 밀려왔다.

경쟁적이고 승부욕 강한 현이에게 무언가 잘한다는 건 목숨과 같이 중요한 일일 수 있다. 누군가에게 진다는 것은, 무언가 잘하지 못한다는 것은 자기 존재가 흔들릴 만큼 타격이 큰일일 수 있다. 그래서 화를 내는 거겠지. 내가 살아 있다고 확인하기 위해. 그 절절한 마음만은 보듬어 주기로 했다. 실패하고 좌절하고 자신이 보잘것없어 보이더라도 결국 존재 자체가 소중하다고 믿는 어른으로서.

극도로 예민하거나
아주 독특하거나

 현이는 감각이 예민한 아이였다. 가장 눈에 띄었던 건 청각. 특정한 소리를 아주 싫어했다. 그중 하나가 버스가 멈출 때 나는 바람 빠지는 소리. 길을 걷다 버스만 봐도 본능적으로 귀를 막았다. 비슷한 이유로 어린이집 차량도 좋아하지 않았다. 등·하원이야 도보로 하니 상관없지만 문제는 외부 일정이 있어 버스를 타고 밖에 나가야 할 때였다. 아침부터 어린이집 차량에 타기 싫다며 칭얼거리곤 했다.

 발달한 청각 때문인지 음악은 가리지 않고 들었다. 동요와 가요는 물론 클래식과 오페라까지 즐겼다. 고작 서너 해를 산 아이로서는 음악적 스펙트럼이 상당했다.

자폐스펙트럼 아동이 느끼는 청각적 자극에 대한 영상*을 본 적이 있다. 청각이 예민한 아이들은 여러 소리가 빠짐없이 한꺼번에 들린다고 한다. 심지어 귀를 기울여야 들을 수 있는 미세한 소음마저 동일한 수준으로 다가온단다. 세상을 둘러싸고 있는 수천 가지의 자극들, 사람들 말소리, 발소리, 자동차 소리……. 소리만 그런 건 아닐 거다. 온갖 종류의 향수 냄새와 고유의 체취, 빳빳하게 다린 셔츠 깃과 눈을 찌를 듯 밝은 형광등, 좋든 싫든 세상에는 자극이 넘쳐대고 아이는 그것 모두에게, 아니면 특정 자극 한두 가지에 신경을 곤두세운다. 아이는 귀를 막는다. 눈을 마주치지 않는다. 소리를 지른다. 그리고 부서진다.

감각통합 선생님에게 자주 듣던 말이 있었다.

"신경학적으로 불균형한 아이들은 아주 작은 자극도 고통스럽게 다가올 수 있습니다."

시간이 지나면서 현이가 불편해하는 소리의 종류도 변했다. 지하철에서 나는 쳇소리, 풍선 터지는 소리, 개 짖는 소리 등등. 내가 할 수 있는 일은 소리가 날 가능성에 대해 예고하고 대처 방법을 제시하는 것뿐.

"버스가 곧 멈출 거라서 큰 소리가 날 거야. 시끄러우면 귀를 막아도 괜찮아."

반대로 현이는 특정 감각을 일부러 찾기도 했다. 그중 최고는 엄마 팔꿈치였다. 현이는 졸리거나 불안할 때마다 내 팔꿈치를 어루만졌다. 팔꿈치 관절 사이사이, 울퉁불퉁한 느낌을 참 좋아했다.

팔꿈치를 만지기 시작한 때는 두 돌 무렵. 이때부터 현이를 누워서 재우기 시작했는데 잠들기 직전까지 현이는 내 팔꿈치를 매만졌다. 긴소매 옷이라도 입고 있으면 소매 속에 자신의 손을 욱여넣고 팔꿈치를 찾았다. 비단 팔꿈치뿐만이 아니었다. 손등의 툭 튀어나온 관절 부분도 좋아했다.

아이다운 사랑스러운 행동이라 볼 수도 있지만 실상은 그렇게 낭만적이지 않다. 손가락 끝으로 꼭꼭 누르듯 압박할 때도 있었고 때때로 살을 꼬집기도 했으니까. 어떨 때는 마치 냄새라도 맡으려는 듯 팔꿈치에 자기 입술을 댔다. 다른 아이들은 애착 인형을 만지며 잠든다는데, 현이의 애착 인형은 다름 아닌 나, 그것도 내 팔꿈치였다.

지금도 현이는 습관적으로 내 팔꿈치를 찾는다. 잠잘 때뿐

만이 아니다. 뜨거운 여름, 아지랑이가 피어오르듯 힘없이 몸을 늘어뜨린 현이가 내게 치댄 채 걷곤 했다. 키는 120센티미터 남짓, 몸무게도 20킬로그램을 훌쩍 넘긴 현이가 엄마 팔꿈치에 매달려 있었다. "나는 엄마 팔꿈치가 정말 좋아"라고 말하면서.

고백하자면 내게도 희한한 잠버릇이 있다. 나는 깊은 잠에 빠진 아이의 발을 보는 걸 좋아한다. 현이가 한두 살 때, 가장 늦게 잠들었다 제일 먼저 깨는 것은 발가락이었다. 현이는 자는 것 같아도 잠들지 않는 경우가 많았는데 끝까지 꼼지락거리던 발가락이 멈추는 순간, 바로 그 찰나가 현이가 완전하게 잠든 때였다. 하루 종일 쉴 새 없이 움직이던 발가락에 찾아온 휴식의 시간, 나는 그때부터 현이의 발을 들여다보았다.

지금도 조용히 잠든 현이의 발을 바라본다. 가끔은 꿈을 꾸는지 발가락을 꼼지락거리고, 그 움직임에 한시도 멈추지 않는 아이의 생명을 느낀다. 현이가 입을 오물거리면 입속의 작은 침방울이 움직이는 소리가 난다. 고요한 밤, 방 안을 채운 아이의 숨소리가 내 몸을 감싼다. 서로의 살을 맞대고 자는 우리 둘만의 소중한 시간이다.

편안하게
이끌어 주는 안내자

70개월, 자폐 분야에서 유명한 전문의 진료를 받기 위해 분당서울대학교병원을 찾았다. 정기적으로 방문하던 정신과의원도 있었지만 다른 의사 선생님도 만나 현재 받고 있는 치료를 점검하고 앞으로 나아갈 방향에 대한 조언도 듣고 싶었다. 삼 년 넘게 현이를 보던 의사 선생님은 자폐스펙트럼장애보다는 비언어성 학습장애나 사회적 의사소통장애가 의심된다고 잠정적 진단을 내린 상태였다. 그래도 의문이 풀리지 않았다. 좀 더 정확하게 확인하고 싶었다. 시간이 지나도 변하지 않는 현이의 남다름을 설명할 방법이 없었기 때문이다.

국내에서 손꼽는다는 전문의를 만나는 과정은 쉽지 않았다. 대략 이 년간 기다린 뒤 첫 진료를 받았다. 현이를 본 의사 선생님은 "세 살 무렵 나를 찾아왔다면 아마 나는 자폐스펙트럼장애라고 바로 진단을 내렸을 것 같다"라고 말했다. 다만 문제 되는 행동이 대부분 소거되고 현재 많이 발전했지만, 과거 히스토리로 볼 때 검사를 받는 게 좋겠다고 덧붙였다. 적절한 치료 계획을 위해 자폐스펙트럼 진단 척도인 ADOS & ADI-R 검사를 권했다.

ADOS & ADI-R는 자폐스펙트럼장애 판별을 위한 검사다. ADOS는 검사자가 아이에게 직접 질문하여 반응을 관찰하는 형식이고, ADI-R는 보호자가 받는 심층 인터뷰다. ADOS & ADI-R는 자폐스펙트럼장애를 진단하는 데 가장 표준적이며 신뢰도가 높다고 알려졌지만, 국내에서 이 검사가 가능한 병원은 제한적이다. 현재 기준으로 일부 대학병원에서만 시행하고 있다.

자폐스펙트럼 검사로 CARS도 있지만 감각에 대한 비전형적인 반응이 뚜렷하지 않고 언어나 인지 능력에 특이 사항이 없는 경우 이 검사를 통해 판별하기 어렵다고 한다.

ADOS & ADI-R 검사는 생각보다 길게 이어졌다. 현이는 한 시간 반, 나는 두 시간으로 총 세 시간이 넘는 긴 인터뷰였다. 현이는 평소 자신의 모습에서 덜하지도 더하지도 않게 검사를 마친 듯 보였다. 검사실 문 앞에서 귀를 쫑긋 세우고 현이의 반응을 확인하고 싶었지만 그렇게 하지 않았다. 어떤 결과가 나오든 현이가 달라지는 것도 아니고, 무엇보다 내 마음에 큰 변화가 없으리라는 확신 때문이었다.

그런데 ADI-R 검사에 응하면서 속마음을 들키고 말았다. 엄마 마음이라는 게 다 그런 건지 적게는 5퍼센트, 많게는 10퍼센트 정도 현이에 대해 긍정적으로 대답했던 것 같다. 인터뷰 당시에는 느끼지 못했지만 인터뷰를 끝내고 생각해보니 'Never'라고 대답한 질문이 때에 따라 'Yes'가 될 수 있다는 사실을 깨달았다.

질문은 주로 현재의 모습과 만 3세에서 4세까지의 주요 행동을 비교하는 것에 집중됐는데 과거보다는 현재를 중심으로 대답하는 나를 발견했다. 지금 현이가 잘하는 건 일이 년 전에도 잘했던 것 같은 착각이 들었다. 객관적인 태도를 유지하려고 했으나 기억은 고정되어 있는 것이 아니라서 현이에 대한 기억은 부정적 방향보다는 긍정적 방향을 가리켰다. 어떤 질문은 현이의 상태가 최악이던 순간들을 떠올리게

했고 그 시기가 검사자가 의도한 만 3, 4세가 아니라는 데 안도했다. 나는 나를 속였다. 나는 이 검사가 두려웠다.

검사를 하면서 얻은 점도 있었다. 현이에 대해 다시 한번 깨달은 것들. 현이는 여전히 예민한 감각 때문에 힘들어하고, 또래 아이들과는 다른 관심사를 갖고 있고, 친근함을 표현하기 위해서라기보다는 자기주장을 하기 위해 언어를 사용한다는 점이었다.

그저 바라본다. 이 검사가 사소한 일에도 날 선 내 아이를, 조금이나마 편안하게 이끌어 주는 안내자가 될 수 있기를 바라면서.

ADI-R 검사 결과

사회적 상호작용 15점(진단 기준 10점 이상)
의사소통의 질적인 장애 및 놀이 8점(진단 기준 8점 이상)
행동의 반복적/상동적 특성 8점(진단 기준 3점 이상)
36개월 이전에 발생 2점(진단 기준 1점 이상)

ADOS 검사 결과

사회적 상호작용과 의사소통 항목 9점
제한적이고 반복적인 행동 0점
총점 9점(진단 기준 8점 이상)

종합적 견해

면담을 기반으로 하는 ADI-R 검사와 관찰을 바탕으로 하는 ADOS 검사 결과를 종합하여 보았을 때, 본 아동은 자폐스펙트럼장애 진단 기준에 부합하는 것으로 평가되었음.

결과를 듣는 날, 의사 선생님은 차분한 목소리로 말했다.

"상호작용이 잘되는 것도 강점이고 특정 주제에 대해 이야기를 나눌 수 있는 점도 좋아 보이네요. 다만 상황에 따라 상호작용이 일관적이지 않은 것과 아이가 흥미를 가지지 않는 주제에 대한 대화가 길지 않은 점은 개선해야 합니다."

이어 태도가 다소 경직되어 있고 상황을 유연하게 받아들이는 자세가 필요하다고 덧붙였다.

"특수교육 대상자 신청을 해야 할까요? 약물치료는 필요 없나요?"

선생님은 살짝 미소를 띠며 그럴 필요는 없다고 대답했다. 산만함이 신경 쓰인다고 했더니 집중력 관련 사항은 현재 관찰되지 않으니 필요하다면 추후 검사를 받아도 늦지 않다고 말했다.

"아이가 잘 자랄 수 있을까요?"

이런 막연한 질문이 얼마나 어리석은지 알고 있지만 기어이 이 질문을 던지고 말았다. 선생님은 "잘할 겁니다. 아이를 잘 키우셨어요"라는 말로 대신했다. 불안 한 덩어리가 사라지는 느낌이었다.

진료 후 찬찬히 결과 보고서를 읽어 보았다. 예상과 달리 내가 응한 ADI-R 검사 결과가 참담했다. 사회적 상호작용, 의사소통의 질적장애 및 놀이, 행동의 반복적/상동적 특성, 36개월 이전 발생 항목에서 모두 자폐스펙트럼장애 진단 기준을 웃돌았다. ADOS 검사에서는 사회적 상호작용과 의사소통 진단 점수 9점, 제한적이고 반복적인 행동 0점으로 합계 9점을 받았다. 진단 기준 8점에서 1점이 높은 숫자였다.

현이가 받은 '9점'을 노려보았다. 습관적으로 온라인 커뮤니티에 들어갔다. 진단 기준에 못 미치게 나왔으나 여전히 아이가 다르다는 의심을 떨치지 못하겠다는 글부터 몇 년 후에 다시 검사를 받으면 점수가 변할 수 있는가에 대한 질문, 별문제 없는 아이가 높은 점수를 받았다는 불평까지 온갖 불안이 떠돌아다니고 있었다.

검사 결과지를 들고 발달센터 선생님들을 찾았다. 사회성 그룹 선생님은 매년 검사를 받으며 보고서를 받는 진짜 이유가 뭔지 아느냐고 물었다. 그건 바로 엄마의 불안. 그 마음을 이해하지 못하는 건 아니지만 해마다 검사를 받을 필요는 없다는 게 요지였다. 아이 자신도 누군가의 평가를 받는다는 걸 알고 있고, 그 평가에서 스트레스를 받을 수 있다고 했다. 검사라는 게 잘하는 것에 대해서는 피드백을 받지 못하고, 못하는 것만 중점적으로 다루기 때문이다.

"어머니, 너무 걱정하지 않으셔도 될 것 같다는 마음에 드리는 말씀이에요."

답은 정해져 있었다. 지금껏 해 왔던 것처럼 하면 된다는 것. 점수는 숫자일 뿐이고 이 점수가 현이를 모두 설명하지 못한다는 것. 검사 결과상 현이가 자폐스펙트럼장애에 속한다는 사실은 변하지 않겠지만 특수교육 대상자도 아니고 약물치료도 필요 없다는 의사 선생님 말씀만 신뢰하면 된다는 것. 여전히 풀어야 할 숙제가 있고, 앞으로 어떤 문제가 생길지 모르지만 현이를 믿고 엄마로서 든든한 울타리가 되어 주면 충분하다는 것.

이럴 땐 차라리 쿨한 게 도움이 된다. 남들과 다른 게 뭐!

자발적 아웃사이더는 이제 그만!

발달센터 수업 외 몇 가지 사교육을 시켰다. 가장 처음 시도한 사교육은 미술 수업으로 네 살 무렵 시작했다. 소근육 발달이 느렸던 현이는 그림 그리는 걸 극도로 꺼렸는데 미술 수업을 통해 그림 그리는 재미를 알아 갔으면 싶었다. 미술과 비슷한 활동으로 구성된, 퍼포먼스 미술이란 이름이 붙은 방문 수업을 서너 개월 진행했지만 현이가 잘 따라가지 못해 그만두었다. 이후에도 몇 번 더 미술 수업을 시도했다. 퍼포먼스 미술 학원을 반년 정도 다녔고, 다섯 살 때는 일반 미술 학원에도 등록했다.

현이는 그 어떤 수업도 즐기지 않았다. '거부만 하지 않으면 되지'라는 생각으로 학원에 보냈지만 얼마 못 가 미술 학원에 다니지 않겠다고 선언했다. 몇 달쯤 쉬다가 마지막이라는 생각으로 가정에서 미술을 가르치는 나이 지긋한 미술 선생님을 소개받았다.

"그림을 잘 그리는 걸 원하지 않아요. 잘 그리든 못 그리든 그 과정을 즐기기만 했으면 좋겠어요. 아무렇게나 그려도 괜찮다는 사실을 알려 주고 싶어요."

상담 후 현이를 데리고 선생님 댁을 찾았다. 처음에는 어린이집에 적응하듯 몇 분 정도 함께 앉아 있었다. 가정에서 수업을 진행하다 보니 아무래도 분위기가 자유로웠다. 서너 명의 아이들이 그림을 그리다가 간식도 먹고 날씨가 좋으면 바깥 놀이터에서 야외 수업도 했다.

선생님은 여유로워 보였다. 현이의 예민함을 두드러지게 바라보지도 않았다. 그 모습이 내게도 안정감을 주었다. 현이도 그곳에 적응했다. 지금도 현이는 같은 선생님에게 미술을 배우고 있다.

항상 성공한 것은 아니었다. 단 두 달 만에 태권도를 그만둔 적도 있었다. 이유는 줄넘기를 하지 못해서. 품새를 배우기 전 줄넘기를 하는데 현이는 줄넘기 한 번을 제대로 넘지 못했다. 직접 줄넘기를 가르쳐 주려고 시도도 해 보았으나 번번이 실패했다.

비슷한 시기, 축구도 중단했다. 수업 중 공을 피하는 폭탄 게임 놀이가 무섭다고 했다. 태권도와 축구, 모두 현이의 요구로 시작했지만 둘 다 오래가지 않았다. 갑자기 학원 두 곳을 그만두니 뭔가 다른 걸 채워 줘야 하는지 고민이 됐다.

발달센터 수업을 마친 뒤 현이와 함께 놀이터를 배회했다. 여러 아이들과 어울리는 게 사회성 발달에 도움이 되기도 하지만 진짜 이유는 따로 있었다. 현이와 나, 이렇게 둘만 있는 시간이 버거웠기 때문이다.

고작 이십칠 분, 우리가 부딪히지 않고 지낼 수 있는 시간. 현이와 함께 있어 좋은 시간은 길지 않았다. 내가 하는 말은 현이에게 닿지 않았고 현이가 하는 말만 내 귀에 쉼 없이 꽂혔다. 그렇게 십여 분, 이십여 분 지나다 보면 여지없이 가슴이 답답해졌다.

현이와 노는 것도 재미없었다. 솔직히 지겨웠다. 놀이는 반복됐다. 지진놀이를 하면 1단계부터 9단계까지 숫자만 바꿔 가며 놀았다. 내 의견은 반영되지 않았다. 동물들이 싸우는 놀이를 해도 자신이 제일 힘이 세야 했다. 나는 항상 죽었다. 그리고 다시 살아났다 다시 죽었다. 간혹 내가 우위를 점하면 현이가 데시벨을 한껏 높여 소리쳤다.

"왜 그렇게 해? 다시 해!"

이 무한반복에서 멀어지고 싶었다.

반강제적인 산책 덕분에 동네 엄마들을 만나 이야기를 나눴다. 어떻게 해야 영어를 잘할까? 영어 선생님 중 괜찮은 사람 있나? 주제는 영어에서 벗어나지 않았다. 나도 몇 마디 거들다가 그들만의 리그인 것 같아 그만두었다. 집으로 돌아와 오랜 친구가 추천한, 자신의 아이가 재미있게 읽었다는 영어책 25권을 무언가에 홀리듯 주문했다.

남다른 아이를 키우며 좋은 점도 있다고 생각했다. 치열한 경쟁사회에서 한 걸음 떨어져 살 수 있겠구나. 그나마 숨 좀 쉬고 살겠구나. 그런데 속된 말로 '현타'가 심하게 올 때도 있었다. 현이가 살아야 할 곳은 발달센터가 아니라 바로 이 세계니까. 누가 잘하나 서로 경쟁하듯 학원에 보내는 분위기는 불편하지만 그렇다고 해도 이 세상 사람이 아닌 듯 멀리 떨어져 있는 자리도 편하지만은 않았다.

나는 주류에 속하던 인간이었다. 주류라는 게 실체가 없고 허망하다는 걸 알지만 그곳에서 벗어나니 나 혼자만 뒤떨어진 것 같고 홀로 선 것 같고 무엇보다 쓸쓸했다. 자발적 아웃사이더. 대학 시절 한 친구는 '인싸'라고 활개 치고 다니는 이들은 시시하다며 소수의 아웃사이더들끼리 모여 다니는 재미도 있다고 말하곤 했다. 그때 나는 속으로 콧방귀를 뀌며 비웃었다. 네가 대학 생활에 적응하지 못해서 그런 거겠지. 너는 비주류잖아.

밝고 건강하게 자라면 더 이상 바랄 게 없다던 생각도 초등학교 입학을 앞두고 흔들린다. 현이가 다른 아이들에게 치일까 불안하고 학교라는 세계에 적응하지 못할까 두려웠다.

현이가 곧 초등학교에 간다.

초등학교 입학 통지서를 받고 내 마음에 대안학교 바람이 불었다. 지인의 아이가 대안학교에 들어간다는 말을 들은 후부터 부쩍 대안학교 검색을 하기 시작했다. 이전에도 막연하게나마 대안학교에 가면 좋을 것 같다는 생각을 했었다. 초등학교 때까지는 마음껏 뛰노는 게 최고라는 개인적인 교육관도 있고 사회성이 부족한 아이니까 공동체 의식을 강조하는 대안학교가 괜찮은 선택지가 아닐까 고민했다.

동시에 공립초등학교에 가는 게 무난할 거라는 생각도 들었다. 대안학교는 정부 인가를 받지 않은 곳이 대부분이라 재정 상태나 시설, 교사 자질 등 고려해야 할 요소가 많은 부분도 부담스러웠다. 학교 선택을 오로지 부모가 짊어져야 하는 점도 무겁게 다가왔다. 공교육이 아닌 다른 길을 선택하기에 나는 지나치게 소심했다.

엄밀하게 말해 결론은 이미 정해져 있었다. 마음을 정리하는 과정이 필요했을 뿐이다. 현이는 집 근처 공립초등학교에 입학할 것이다. 학교에 적응하지 못한다면, 혹시 타인에게 피해를 주는 일이 빈번하게 발생한다면, 이런 이유로 부정적 피드백에 지속적으로 노출된다면 그때는 아마 다른 선택을 해야 하겠지. 약물을 시도하거나 대안학교에 가거나 소규모의 초등학교를 찾아 지방으로 이사하거나 어쩌면 국제학교를 찾아 해외 이민까지. 이 과정에서 현이와 함께 이야기를 나누려고 한다. 현이와 남편과 내가 한데 어우러져 우리 세 사람에게 맞는 선택을 할 거다.

중요한 건 균형이다. 현이가 제 목소리를 내기 시작하면 균형의 추를 아이 쪽으로 옮겨 놓으려고 한다. 그 선택에 든든한 서포터가 되어 주고 싶다.

Part 4

있는 그대로의
너를
인정하기까지

어떤 이름을 붙일지에는 신경 쓰지 마세요.
문제가 무엇인지 말해 주세요.
구체적인 증상에 대해 이야기합시다.

_ 템플 그랜딘, 《나의 뇌는 특별하다》

아이의 눈 흘김을 목격한 날

　　현이는 느린 아이였다. 대근육의 경우 백일 무렵 뒤집기를 성공한 것을 제외하고는 대부분 같은 월령에 비해 발달이 더뎠다. 앉기 시작한 건 8개월, 혼자 힘으로 선 것이 14개월, 걸음마를 뗀 게 16개월이었다. 대근육 발달로 봤을 때 짧게는 1~2개월, 길게는 4~5개월씩 늦었다. 좋은 점도 있었다. 덕분에 배밀이, 기기, 앉기, 잡고 일어서기, 걷기까지 아이가 선사하는 매 순간을 부모로서 충분히 누렸으니까.

　대근육 발달 외에도 느린 부분은 많았다. 현이는 사람에 대한 반응이 별로 없는 아이였다. 엄마 아빠가 이름을 불러도 돌아보지 않는 경우가 다반사였고 행동을 모방하는 일도 드물었다. 산후조리원 동기들이 도리도리, 잼잼죔죔은 물론 두 손을 내밀며 '주세요' 동작을 할 때 현이는 아무 모습도 보여 주지 않았다.

 언어와 인지 발달이 두드러지는 시기, 여전히 뒤처지는 현이를 보며 애간장을 태웠다. 돌 전에는 옹알이를 많이 해서 말을 빨리할 거라는 소리도 들었지만 예상은 빗나갔다. 엄마 아빠는 물론 말 비슷한 소리도 못 냈다. 조리원 동기들이 하나둘 어린이집에 자리를 잡아가던 중에도 현이를 어린이집에 보낼 엄두가 나지 않았다. 두 돌 즈음엔 재취업을 하겠다던 원대한 포부도 사라진 지 오래였다.

 도저히 이해할 수 없는 현이의 눈 흘김을 목격한 어느 날, 결국 큰소리를 지르고 말았다. 말이 소리이지 사실은 비명에 가까운 절규. 표면적인 이유는 잠을 자지 않고 보채는 현이에 대한 짜증 때문이었고 진짜 이유는 현이가 발달장애일지 모른다는 불안 때문이었다. 마음이 답답해 오랜 친구에게 전화를 걸었다.

 "애가 이상하게 눈을 흘기고 다녀."
 "네가 예민하게 반응하는 거 아니야? 애들은 다 이상한 행동을 해."

친구를 상대로 자꾸 부연 설명하고 있는 내가 보였다. 걱정이 과한 게 아니라고, 문제가 있는 것처럼 보인다고 항변하고 있었다. 이어 발달이 느린 아이를 키웠던 사촌에게 전화를 했더니 조금 다른 대답이 돌아왔다. 병원에서 발달 관련 검사를 받아 보라고 필요한 부분은 바로 치료해야 한다고. 곧바로 인터넷을 검색하며 해야 할 일을 점검했다.

'일단 병원에서 검사를 받자, 그다음에는 의사 선생님이 하라는 대로 하자.'

대개의 경우 36개월 이전에는 자폐스펙트럼 진단을 하지 않는다고 했다. 문제는 진단이 아니라 치료다. 현이가 장애인지 아니면 단순 발달 지연인지 알 수 없지만 우선은 치료를 받는 게 중요했다. 자폐스펙트럼의 경우 치료가 빠를수록 예후가 좋다고 하니 서두르지 않을 이유가 없었다.

"친정엄마한테 갈 거야. 서울에 있는 병원에 다닐 거야."

통보에 가까운 말을 남편에게 던졌다. 남편은 별다른 말을 하지 않았다. 현이가 남들과 다르고 뭔가 조치를 취해야 한다는 생각은 남편이나 나나 매한가지였으니까. 다만 남편 외에 아는 사람 하나 없는 타지에서 현이의 인생이 걸린 중대한 일을 할 자신이 없었다.

나는 서울에서 태어나 서울에서 자랐다. 결혼 후 한동안 서울 근교에서 살다 남편 직장이 지방으로 이전하는 바람에 낯선 남쪽 도시에서 아이를 낳았다. 타지에서의 생활은 즐겁지 않았다. 백일을 넘기자마자 이동 시간만 다섯 시간여 걸리는 친정에 오래 머물렀고 대략 3개월 단위로 이동하는 삶을 살았다. 눈 흘기는 현이를 보며 피난처 찾듯 친정으로 향했다. 수도권에 사는 것이 병원이나 발달센터 등 이점이 많을 거란 이유도 있었지만 그보다 절실했던 건 바로 엄마, 내게도 엄마가 필요했기 때문이었다.

나는 고향이란 단어에 어떤 감정적 울림을 느끼지 않지만 낯선 땅에 둥지를 트며 내게 익숙한 공간이 얼마나 큰 의미인지 깨달았다. 나는 엄마를 찾아 마음의 고향으로 돌아왔다. 이후 끝이 보이지 않는 주말부부의 삶이 시작되었다.

남다름을 일찍 알았다는 것은

"시급한 문제는 아이가 말을 못 한다는 겁니다."

 서울의 한 정신과의원, 이 분야에서 꽤 유명한 의사 선생님이 말했다. 현이가 노는 장면을 삼십 분 정도 지켜본 후 현이의 문제를 한마디로 정의했다. 그건 바로 의미 있는 단어를 단 하나도 말하지 못했다는 것. 솔직히 나는 말을 못 하는 것보다는 눈 흘김에 대한 걱정이 더 컸다.

"진료를 보는 동안 눈은 한 번도 흘기지 않았습니다. 그런 건 신경 쓰지 않으셔도 됩니다."

의사 선생님은 눈 홀김에 대해 전혀 개의치 않은 듯 보였다. 대신 말의 중요성을 강조했다. 비언어적 소통은 되지만 무발화˚에 가깝다고 지적했다.

현이가 받은 진단은 언어장애. 영유아 발달 시기에 문제가 나타나는 아이들을 통틀어 발달장애라고 한다. 발달장애 중에는 자폐스펙트럼장애, 지적장애, 언어장애가 있고 현이는 그중 언어장애에 해당한다고 했다. 아직 어려서 검사를 할 수 없으니 24개월이 지나 검사를 하되 당장 언어치료와 놀이치료를 시작하라고 말했다.

의사 선생님은 치료 외에도 가정에서 해야 할 일을 알려주었다. 제일 중요한 건 미디어 노출을 엄격하게 제한하는 것. TV, 동영상 등을 차단하고 책 읽기도 권장하지 않는다고 했다. 언어란 사람과의 상호작용인데 미디어는 상호작용을 방해하고 책을 읽어 주는 일도 상호작용이라기보다는 부모가 읽고 아이가 듣는 일방적 소통이기 때문이다. 요점은 아이와 소통하며 노는 것. 가능하면 매일 이십 분씩 수차례, 아이와 눈을 맞추며 놀아야 한다고 강조했다.

진료를 받은 뒤 말을 못 한다는 것이 얼마나 큰 문제인지 깨달았다. 말 느린 아이가 똑똑하다, 이러다가 한 번에 터질 수 있다, 말하는 시기는 아이마다 다르니 걱정 마라 등의 말을 들었다. 그런데 중요한 건 결국 언어였다.

언어장애 진단을 받고 내심 안도하기도 했다. 자폐에서 한 걸음 멀어지는 것 같았으니까. 이런 감정은 오래가지 않았다. 며칠 후 언어치료와 놀이치료를 시작하기 위해 방문한 집 근처 정신과의원에서 현이가 전반적 발달장애*, 즉 자폐스펙트럼장애 같다는 말을 들었기 때문이다. 언어장애와 자폐스펙트럼장애. 두 가지 진단에 혼란스러웠다. 다만 한 가지는 확실했다. 바로 치료를 해야 한다는 것. 더는 지체할 수 없다는 것.

불안할 때마다 그저 조금 느린 아이라고 생각했다. 만약 현이가 눈을 흘기지 않았다면 나는 걱정만 할 뿐 병원에 가길 망설였을 것 같다. 어떤 면에서는 다행이다. 아이의 남다름을 일찍 알았다는 사실이.

조기 개입 시작,
적응하기까지

병원 진료 후 곧바로 치료를 시작했다. 현이가 받아야 할 프로그램은 언어치료, 놀이치료, 감각통합치료 세 가지. 구체적으로 첫 번째 병원은 언어와 놀이치료를 권했고 두 번째 병원에서는 언어와 놀이는 물론 감각통합치료를 병행해야 한다고 말했다.

자폐스펙트럼의 경우 응용행동분석ABA*이 효과가 좋다고 알려져 있지만 현이의 경우 의사 선생님이 ABA를 언급하지 않아 제외했다. 솔직히 하나라도 수업을 덜 듣는다는 게 다행스러웠다. 두 돌도 안 된 아이가 한 번에 여러 수업을 듣는 것에 대한 부담도 적지 않았다. 이 같은 이유로 언어치료를 먼저 시작하고 놀이치료와 감각통합치료를 한두 달 간격으로 늘려갔다.

치료를 받는 과정이 물 흐르듯 자연스러웠던 건 아니었다. 언어치료의 경우 함께 교실에 들어간 뒤 수업 중간 분리하는 과정을 거쳤다. 감각통합치료도 비슷한 방식으로 시도했지만 분리가 쉽지 않았다. 현이는 아예 교실에 들어가지 않으려 했고 수업 중에도 나에게 오려고 떼를 썼다.

결국 감각통합치료는 한 달 만에 그만두었다. 이후 서너 개월 정도 휴식기를 가졌다가 새로운 감각통합 선생님을 찾았다. 다행히 새 선생님의 수업은 거부하지 않았다. 결과적으로 언어, 놀이, 감각통합치료 주 3회 치료를 받기까지 5개월 정도가 걸렸다.

발달센터에 다니면서도 온갖 불안이 마음을 헤집고 다녔다. 하루에도 몇 번씩 현이가 진짜 자폐면 어떡하지? 걱정이 떠나지 않았다.

"기다리다 보면 다 할 텐데 무슨 걱정이니?"

친정엄마의 단골 멘트였다. 멀쩡한 아이가 그런 치료는 왜 받느냐, 애들은 동영상을 보고도 말을 배운다는데 그 흔한 뽀로로조차 안 보여 줘서 그렇다, 고작 몇 분 진료로 의사가 어떻게 다 아느냐 등이 이어졌다. 산후조리원 동기들의 인스타그램을 들여다보며 눈물을 훔친 적도 있었다. 손가락으로 얼굴 부위를 가리키며 이마, 눈썹, 눈, 코, 입이라고 말하는 같은 월령의 아이를 보면 가슴이 무너졌다.

갈피를 잡지 못하는 마음은 종종 현이를 대할 때 폭발했다. 어이없게도 바나나를 먹지 않는다는 게 이유였다. 바나나가 먹기 싫어서가 아니라 바나나를 주는 방식이 변했기 때문이었다. 대개의 경우 현이는 자른 바나나를 포크로 찍어서 먹었다. 그날따라 무슨 생각이었는지 껍질을 벗긴 뒤 바나나를 자르지 않고 통째로 주었다. 입으로 베어 먹으면 되는 간단한 일이었다. 그런데도 현이는 바나나를 손에 쥔 채 울음을 터뜨렸다. 껍질까지 친절히 깐 바나나라고, 그런데 왜 입에 갖다 대지 않느냐고, 입만 벌려서 꽉 물면 된다고. 갑자기 짜증이 몰려왔다. 지켜보던 친정엄마는 애가 크면 어련히 할 거 왜 그러냐며 나를 타박했다.

시도 때도 없이 부아가 치밀었다. 이런 일은 발달센터에 가는 길에도 나타났다. 발달센터는 번화가에 있었는데 근방에

산부인과와 소아과 등이 있어 아이를 데리고 다니는 사람들이 많았다. 전단을 건네며 홍보를 하는 사람들과도 종종 마주쳤다.

"아이가 몇 개월이에요?"로 시작된 말은 뇌 발달을 위해 책을 많이 읽어 줘야 한다, 괜찮은 교구가 있으니 받아 가라 등으로 끈질기게 이어졌다. "우리 애는 그런 거 필요 없어요"라고 말하고 싶은 걸 꾹 참았다. 그러다 결국 치료를 받는 아이라고, 그런 건 필요 없다고 말해 버렸다.

오랜 친구들에게 현이가 발달센터에 다닌다고 말했을 때도 비슷했다. 친구들에게는 언어가 늦어 센터를 다닌다고 얼버무렸다. 다른 말은 할 수 없었다. 내 마음이 무너질 것 같은데 무너질 것 같은 마음을 다른 이에게 말하는 순간, 모든 화살이 현이를 향할 것을 알고 있었기 때문이다. 이런 자기 연민 따위 잊어버려야지. 이런 감정은 누구에게도 도움이 되지 않을 테니까.

이후 현이에 대해 그 어떤 말도 하지 않겠다고 결심했다. 어쨌든 조금씩 나아지리라 믿으면서, 그게 나 자신이든 현이든.

살아가기 위한 희망을 찾아서

　　치료를 시작한 이후 인터넷 검색은 거의 습관이 되어 버렸다. 온라인 커뮤니티에 들어가 발달이 느린 아이에 대한 고민을 실시간으로 확인했다. 모두 내 얘기 같았다. 앞으로 겪어야 할 일일 수도 있을 터였다. 때때로 잘 가르친다고 소문난 선생님의 정보를 찾기도 했다. 그러나 대부분 현이와 비슷한 증상을 가진 아이들의 예후에 집중되었다.

　가장 부러웠던 건 아이가 자라다 보니 별다른 문제가 보이지 않아 카페를 탈퇴한다는 사람의 인사 글이었다. 그 사람의 오래전 글을 읽으며 현이의 상태를 저울질했다. 자폐스펙트럼 진단을 받은 다른 아이의 글을 보며 '그래도 현이는 이 정도로 심하지는 않잖아?'라고 위로한 적도 있었다.

치료에 대한 정보도 찾아 헤맸다. 한때 고압산소치료가 좋다는 말을 듣고 수소문했지만 비용도 만만찮고 하루에 이삼십 분씩 장기적으로 해야 한다는 말에 그만두었다. 고백하자면 아이가 남들과 다르다는 것을 알게 된 직후 고가의 영양제를 구입했다. 현이가 자폐일지 모른다는 말에 친정엄마가 영양제 하나를 권했기 때문이다.

"엄마가 먹는 약 있거든? 영양제이긴 한데 내가 이거 먹고 무릎 관절이 다 나았잖아. 이거 먹으면 세포가 재생되고 뭐든 다 낫는대. 속는 셈 치고 먹여 보자."

당시 나는 만신창이였다. 현이는 태어난 지 두 돌도 안 되어 발달장애라는 말을 들었고 언어장애인지 자폐스펙트럼장애인지 확실하지 않은 진단에 온 정신을 잃고 헤맸다. 남들과 다르다는, 절대 바뀌지 않을 무서운 판결을 받은 느낌이었다. 영양제가 어떤 효과가 있는지는 중요하지 않았다. 뭔가 의지할 게 필요했다. 자폐 완치법은 존재하지 않는다는 사실을 잘 알고 있었다. 그래도 아직 알려지지 않은, 뭔가 다른 방법이 있으리라 믿었다. 앞으로 살아가야 하니까 희망 같은 게 필요했다.

언어 선생님에게 현이에 대해 물은 적이 있다.

"현이가 평범하게 자랄 수 있을까요?"

선생님이 에둘러 말했다.

"제가 수업하고 있는 다른 아이가 며칠 전에 지적장애 진단을 받았다고 하더라고요."

이 대답 때문이라고 하기 힘들지만 얼마 지나지 않아 그 선생님과의 수업을 정리했다. 대기실에 앉아 있던 중 옆방에서 수업하는 선생님의 목소리가 들렸다. 정확하게 표현할 수는 없지만 현이의 언어 선생님이 단어 카드 중심으로 말을 가르쳐 준다면 옆방 선생님은 노래도 부르고 율동도 곁들여 말을 가르치고 있었다. 선생님이 어떤 분인지 궁금해 대기실에 앉아 있던 엄마에게 물어보았다. 선생님이 활달하고 적극적인 편이라 아이의 반응을 이끄는 데 도움을 줄 수 있을 거라는 대답이 돌아왔다. 그렇게 현이의 두 번째 언어 선생님을 만났다.

이후 어린이집 선택부터 배변 훈련, 훈육에 대한 팁까지, 언어 선생님을 통해 많은 도움을 받았다. 이상하게만 보인 행동이 발달 과정에서 자연스럽게 나오는 행동이라는 사실을 새삼 깨닫기도 했다. 수업을 들은 사람은 현이였지만 나 또한 선생님과 상담을 통해 안정을 찾아갔다.

22개월부터 지금까지 모두 18명, 현이가 만난 선생님의 숫자다. 선생님을 바꾸는 이유는 여러 가지다. 현이가 수업을 거부하거나 수업 방식이 내가 생각한 방향과 다르거나 현이에게 더 이상 가르칠 게 없다는 더할 나위 없는 이유까지. 같은 선생님과 오랜 기간 함께하다 보면 한 선생님의 방식에 너무 익숙해지기도 하고, 뭔가 변화가 필요해 새 선생님을 찾기도 한다.

확실한 건 현이가 자랄수록 필요한 부분이 조금씩 달라졌다는 점이다. 치료 초기에는 말을 하기 위한 언어 기능과 감각적으로 예민한 부분에 중점을 뒀다면 조금씩 커가면서 또래 집단에서 벌어지는 갖가지 상황에 대응하는 데 중점을 두었다.

새로운 선생님을 만날 때마다 현이에 대한 평가를 듣곤 했다. 병원에서 하는 검사 외에 현이에 대해 꽤 중립적인 코멘트를 들을 수 있는 기회였다. 그 순간마다 나는 성적표를 기다리는 학생처럼 선생님 앞에 손을 모은 채 얌전히 앉아 있었다.

"어머니, 아이를 잘 키우셨어요."

어린이집 친구들과 어울리지 못한다는 피드백을 들은 뒤, 수소문 끝에 찾아간 플로어타임* 선생님에게 들은 말이었다.

처음이었다. 고집 세고 다소 산만하며 갑자기 화를 내는 아이의 엄마에겐 언제나 등을 낮추는 겸손한 자세가 필요했으니까. 치료를 차근차근 잘 밟아 왔다는 평가를 들은 적은 있지만 이 말만큼 내게 힘을 주는 칭찬은 없었던 것 같다. 지금까지 잘해 왔다는 누군가의 인정, 앞으로도 잘할 거라는 믿음을 주는 말. 선생님의 의미 없는 립 서비스라 해도, 말 자체가 주는 힘을 믿고 싶다.

"어머니, 아이를 잘 키우셨어요."

독특하지만
또래의 보통 아이로

　　　　　문화센터 수업을 듣다가 현이가 밖으로 뛰쳐나가는 바람에 잠시 복도에 앉아 있었다. 현이는 복도 끝과 끝을 왔다갔다 반복하고 있었는데, 엄마가 아닌 벽 쪽을 바라보며 뛰어왔다. 그러다 현이의 눈을 보았다. 정면이 아닌 사선을 보며 곁눈질하는 눈. 예전에 찍은 동영상을 찾아보았다. 영상 속 현이도 다르지 않았다. 한동안 벽면을 훑다가 내 쪽으로 오면 눈을 마주치는 식이었다. 그때 확실히 알았다. 현이가 눈을 흘기는구나. 눈을 흘기면서 벽을 보는구나.
　현이를 키우며 비슷한 월령의 아이들과 다른, 뭔가 싸한 느낌을 받은 것도 사실이다. 현이는 잠을 자지 않았고, 온몸이 부서져라 용을 썼으며 사람에 대한 반응이 크지 않았다. 뭔가 이상함을 느낄 때마다 초보 엄마의 불안이라 여기며 넘겼다. 시간이 해결해 주리라 믿었다. 현이가 눈을 흘기는 모습을 본 순간, 그동안 미루고 미뤘던 막연한 차이가 실체가 되어 눈앞에 다가왔다. 내 아이가 정말 남들과 다르구나. 닥치는 대로 인터넷을 검색하며 비슷한 사례를 찾아다녔다. 발달장애 및 ADHD 아이들을 위한 온라인 커뮤니티 '거북맘 토끼맘*'과 아스퍼거 가족 모임방 '아가페*'에도 가입했다.

자폐스펙트럼장애

그때 이 단어를 처음 접했다. 이후 단 하나의 의문만 머릿속에 맴돌았다. 현이와 비슷한 행동을 보인 아이들은 어떻게 자랄까?

인터넷을 아무리 들여다봐도 만족할 만한 답을 찾지 못했다. 서너 살 정도 아이들에 대한 글은 꽤 있었지만 초등학교, 중학교, 고등학교로 갈수록 글의 수가 줄어들었다. 작성자

조회를 해도 탈퇴한 경우가 잦았다. 나 또한 현이에 대해 몇 차례 질문을 올리다가 삭제 버튼을 누르곤 했다. 내 아이가 장애라는 흔적을 세상 속에 남기고 싶지 않았다. 다름을 인정한다는 느낌, 마냥 거부하고 싶었다.

21개월 현이를 데리고 정신과의원에 갔다. 이후 매년 병원을 방문하며 언어장애를 비롯해 비언어성 학습장애, 사회적 의사소통장애가 의심된다는 소견을 차례로 들었다. 만 6세가 되기 두 달 전, 분당서울대학교병원에서 자폐스펙트럼장애 판별 도구인 ADOS & ADI-R 검사를 했고 최종적으로 자폐스펙트럼 진단을 받았다.

기준점을 살짝 초과한 경미한 자폐. 이것이 현이의 의학적 정체성이다. 일부러 밝히지 않는다면 그 누구도 아이의 다름을 알지 못하는 상태, 여전히 진행 중인 아이러니. 지금 현이는 자기 고집이 세고 융통성이 없으며 감정 조절이 어려운 아이 정도로 보인다.

가끔 이런 아이들을 마주친다. 말은 잘하지만 친구와 어울리는 것이 어렵고 관심사가 제한적이며 다소 일방적으로 행동하는 아이들. 자기 관심 분야에 대해서는 백과사전 같은 지식을 자랑하기도 한다. 그중 일부는 자폐스펙트럼 진단을 받을 수도 있다. 현이도 그런 아이 중 하나다.

"얘가 무슨 자폐라고 그러니? 진짜 자폐를 못 봐서 그래!"

현이가 자폐인 것 같다는 말을 하자 친정엄마는 불같이 화를 냈다. 엄마는 발달장애 아동이 다니는 학교에서 봉사활동을 했던 경험이 있었다. 건장한 남자 선생 두 분이 학생 한 명을 힘겹게 제지하던 장면을 본 엄마로서는 당연한 반응이었다.

나는 여전히 자폐가 무엇인지 진짜 모르겠다. '스펙트럼'이란 단어를 사용할 정도로 자폐 범주는 넓어졌지만, 사람들의 인식은 아직 변하지 않았다. 아이가 받은 진단의 무게도 버거웠다. 다름을 포용하기보다는 배제하는 사람들의 편견과 시선에서 아이의 다름을 굳이 밝히고 싶지 않았다.

지금까지는 성공적이다. 현이는 공립 초등학교에 들어갔고 특수교육 대상자도 아니다. 학교에서 문제를 일으킨 적도 없으며 담임 선생님에게 따로 연락을 받지도 않았다. 초등학교 2학년 담임 선생님은 현이에 대해 "또래에서 볼 수 있는 보통의 남자아이"라고 평했다. 그럼에도 나는 현이가 남들과 다름을 인정한다. 그리고 이 같은 다름이 긍정도 부정도 아닌 또 하나의 가능성이 될 수 있음을 이제는 안다.

고된 하루를 견디기 위해 다짐 같은 글을 쓰며 마음을 다 잡았다. 여전히 아이에 대해 고민하는 예민하고 불안한 엄마에 불과하지만 그동안 현이를 키우며 남긴 기록이 누군가에게 위로가 되길 바라본다. 현이는 자폐 증상이 경미하고 예후도 좋은 편이지만 그렇지 않은 아이들의 경우 이 글이 어떻게 다가갈지 조심스럽기도 하다. 헌신적인 노력에도 제자리걸음 같은 상황에 혹시나 상실감을 느낄지도 모르겠다. 그럼에도 조기 개입이란 외로운 여정을 밟고 있는 분들에게 이런 사례 하나 정도는 남기고 싶었다. 온라인 커뮤니티를 전전하며 의지할 만한 예후를 찾으려 했던 오래전 내 모습을 떠올리면서 말이다.

부족한 글이 이정표 없이 헤매고 있는 분들에게 조금이나마 도움이 되길 바라며, 남다른 아이를 키우는 과정이 힘들지언정 부디 아프지 않기를.

Part 5

독특한
아이를 키우는
마음가짐

린다는 정확히 세 가지 기본 원칙이 있다고 했어요.
친절하라, 친절하라, 친절하라. 언제나, 언제나, 언제나.
그게 자폐가 있는 사람에게 필요한 거예요.
안아 주는 것. 공감해 주는 것.
그들에게는 그런 안정감, 편안함, 따뜻함이 간절해요.
그걸 느껴야 하는 거죠.

_ 로렌츠 바그너, 《나는 자폐 아들을 둔 뇌과학자입니다》

진단명에
연연하지 않기

"얘는 자폐가 아닙니다."

21개월, 처음으로 찾아간 정신과의원에서 의사 선생님이 했던 말이다. 현이는 최종적으로 자폐스펙트럼 진단을 받았지만, 나는 가끔 진단에 대해 의심을 품는다. 전문가마다 서로 다른 진단을 내리는 경우도 종종 발생한다. 다름에 대한 구분이 명확하지 않기 때문이다.

사십 년 이상 교육자로 활동한 토머스 암스트롱은 저서 《증상이 아니라 독특함입니다》에서 인간의 역량은 연속선 위에 존재한다고 강조한다. 자폐스펙트럼 진단을 받았으나 사회성이 발달한 개인도 있고, 진단받을 정도는 아니지만 연속선을 따라 이동하면서 공동체에 섞이지 않으려고 하는 아웃사이더도 있다. 기질적으로 내성적이고 혼자 있기를 선호하는 사람도 존재한다. 중요한 점은 장애가 있는 사람들이 정상적인 인간과 완전히 분리된 '무능의 섬'으로 동떨어져 존재하지 않는다는 사실이다. 우리가 '정상'이라고 생각하는 특징도 연속선 위의 한 지점에 불과하다.

다름을 가늠하는 기준도 변한다. 자폐는 1980년 처음으로 《정신질환 진단 및 통계 편람*》에 등장한 이후 지속적으로 변화해 왔다. 가장 최근인 2022년 《정신질환 진단 및 통계 편람》에서 자폐스펙트럼 진단 기준 중 '다음 내용에 해당하면'이 '다음 내용에 모두 해당하면'으로 변경되었다. 기존 문구에서 '모두'란 단어가 추가된 것이다. 변경 이유는 자폐스펙트럼 진단 기준을 높게 유지하기 위해서다. 다시 말해 다른 사람과 적절한 방식으로 대화를 나누지 못하고, 눈맞춤과 제스처와 같은 비언어적 소통에 어려움이 있고, 다양한 사회적 상황을 이해하고 대인 관계를 맺는 데 서툰 경우, 이 세 가지에 '모두' 해당해야 진단을 내린다는 의미다. 그렇다면 개정된 기준으로 검사를 받고 자폐스펙트럼장애에 해당하지 않는다는 결과를 듣는다면 과거에 진단을 받았던 아이는 이제 자폐스펙트럼이 아니라고 말할 수 있을까?

진단 방식도 주관적이다. 자폐스펙트럼 검사는 평가자가 아이의 행동을 관찰한 뒤, 양육자와 면담한 내용을 종합하여 판단한다. 아이의 행동을 관찰하고 부모와의 면담을 통해 진단하는 만큼 평가자의 주관이 들어갈 수밖에 없다. 평가자에 따라 달라지는 검사 결과라면 100퍼센트 믿을 수 없다는 게 내 생각이다.

코로나 팬데믹 시기, 현이는 자폐스펙트럼 검사를 받았다. 그때 들었던 임상심리사의 말에 나는 동의하지 않는다.

"표정 변화가 별로 없는 것 같아요. 알고 계셨어요?"

나는 고개를 저으며 단연코 "NO"라고 대답했다. 나는 현이만큼 표정이 풍부한 아이를 본 적이 없다. 기분이 좋은지 나쁜지 상처받았는지 화가 났는지 얼굴에 그대로 드러나곤 하니까. 만약 마스크를 쓰지 않았다면 임상심리사의 관찰이 달라졌을 수도 있겠지만 당시 내가 할 수 있는 말은 아무것도 없었다. 물론 표정 변화가 없다는 임상심리사의 판단은 진단에 있어 변수가 아닐지도 모른다. 현이가 마스크를 쓴 채 검사를 받았는지도 정확하게 기억나지 않는다.

전문가들은 한두 시간 안에 아이를 판단하려고 한다. 그들의 생각이 맞을 수도 있다. 다만 어느 누구도 아이의 미래를 보지는 못한다. 성장하는 속도도 사람마다 다르다. 인간의 뇌도 끊임없이 변한다. 성장과 재조직을 통해 스스로 신경 회로를 바꾼다는 뇌 가소성. 현대 의학은 아직 뇌의 작동 원리를 완벽하게 설명하지 못한다. 그러니 섣불리 아이의 미래를 예단할 수 없다.

진단명은 '현재' 상태에 이름을 붙인 것뿐이다. 현이가 스트레스와 불안, 우울이나 강박과 같은 것들을 경험할 가능성이 클 수는 있지만 이런 일들은 다른 아이들에게도 일어난다. 이 같은 문제를 마주쳤을 때 스스로 견뎌낼 힘을 키워주는 게 부모의 역할이다. 그 과정에서 약물이 필요하다면 이 또한 방법이 될 수 있다. 중요한 건 진단을 인지하되 진단의 노예가 되면 안 된다는 것. 집요하게 따라다니는 진단의 굴레에서 빠져나와 오직 아이만을 바라보는 자세가 필요하다. 철저하게 자신과의 싸움이다.

어린이사회성발달연구소를 운영하고 있는 고윤주 소장은 《루돌프 코는 정말 놀라운 코》에서 작가가 만난 여러 명의 '자폐적' 사람들을 소개한다. 작가가 자폐적이라는 단어를 쓴 이유는 진단을 받지는 않았지만 자폐 성향을 보였기 때문이다. 이들 중 몇 명이 실제로 자폐스펙트럼 진단에 부합하는지는 확실치 않다.

작가가 언급한 자폐적 사람들은 정치인, 교수, 의사, IT 전문가 등 직업군도 다양하다. 이 사실을 알고 놀랐다. 자폐스펙트럼장애에 대한 진단이 제대로 존재하지 않던 시절에 태어나 아무런 개입 없이 자라난 사람들이 당당히 자립했기 때문이다. 이들이 사회적 관계에서 어느 정도의 미숙함을 보이는지 나는 알지 못한다. 동시에 얼마나 많은 스트레스를 받고 있는지도 잘 모르겠다. 내게 중요한 건 지금의 위치에 자리한 이 사람들의 노력이다. 이들은 주변 사람들의 따가운 눈초리에도 아랑곳하지 않고 자신이 원하는 바를 향해 전진했을 가능성이 크다. 나는 여기에서 희망을 찾는다.

국내는 아니지만 최근 미국과 캐나다, 유럽 몇 국가를 중심으로 신경다양성 캠페인이 진행 중이다. 신경다양성은 문화나 인종이 서로 다르듯 인간의 뇌신경 또한 다양하다는 개념에서 출발한다. 자폐스펙트럼장애를 비롯하여 ADHD, 특정학습장애, 의사소통장애 등이 신경 발달상의 차이로 발생하는 만큼 치료해야 할 질병이나 결핍이 아닌 서로 다른

최근 미국과 캐나다, 유럽 몇 국가를 중심으로
신경다양성 캠페인이 진행 중이다.
신경다양성은 문화나 인종이 서로 다르듯
인간의 뇌신경 또한 다양하다는 개념에서 출발한다.

존재 방식으로 인정하자는 운동이다. 신경다양성을 주장하는 사람들은 스스로를 신경다양인으로 여기며 자신들과 반대 방향에 있는 사람들은 신경전형인˚이라 부르기도 한다.

자폐스펙트럼 진단을 받은 아이들은 ABA, 언어치료, 놀이치료, 인지치료˚, 감각통합치료, 플로어타임 등 많은 훈련을 거친다. 그것도 갓 두세 살이 된 어린아이들이 오랜 시간, 여러 수업을 듣는다. 그럼에도 사람들은 선을 긋는다.

"너는 이러니까 이상해. 이건 정상이 아니잖아."

진단도 이 같은 편견을 부추긴다.

"당신은 자폐스펙트럼장애에 해당합니다. 그러니 당신은 비정상입니다."

자폐스펙트럼장애에 대한 그 어떤 치료도 필요하지 않다는 일부 주장에 대해서는 동의하지 않지만 자폐스펙트럼이 한 사람이 가진 고유의 특성으로서 인정받기를 바라는 마음은 별반 다르지 않다.

남들과 다르다고 차별받지 않았으면 좋겠다. 그리고 제발, 이들에게 뭐라고 하지 않았으면 좋겠다. 다수에 속하는 신경전형인들을 위한 이 세상에서, 신경다양인들도 인간답게 살기 위해 충분히 노력하고 있다.

비교 금물! 강점 바라보기

 현이는 매력적인 아이다. 이젠 어엿한 4학년, 또래와 비교해 말과 행동이 어려 보일 때도 있지만 현이는 천진난만하고 순수하다. 좋아하는 친구를 만나면 손부터 잡는 아이. 얼굴에는 반가움이 활짝 피어난다.
 현이는 고집도 세고 승부욕도 강하다. 게임이든 뭐든 항상 일등을 하려고 하고, 일등을 놓치면 곧장 토라져 입이 쑥 튀어나온다. 눈물을 훔치기도 한다.
 "엄마 때문에 그랬잖아. 나는 되는 게 아무것도 없어."
 애꿎은 엄마 탓에 기분 상할 때도 많지만 '강한 성취욕'이야말로 살아가는 데 필요한 자원이라 믿는다. 자신이 좋아하는 무언가를 찾는다면 현이는 그것을 위해 옆도 뒤도 보지 않고 앞으로만 나아갈 거다. 나는 현이가 가진 맹렬한 열정을 사랑한다.

언제나 다른 누군가와 비교하며 현이를 바라보았다. 백일을 갓 넘긴 현이를 향해 "너는 왜 잠을 안 자니?"라고 나무랐다. 열 시간 통잠을 잔다는 조리원 동기와 한밤중 여러 번 깨는 현이를 비교하곤 했다. 엄마들의 수다가 펼쳐지는 중에도 바운서에 누워 스르르 잠드는 다른 아이를 보면 부러움과 함께 울컥한 감정이 올라왔다. 암막 커튼으로 한낮에도 칠흑 같은 방에 배경으로 깔린 백색소음, "엄마가 너무 예민해서 애가 그런 거 아냐!"와 같은 반응에도 기분이 상했다.

엄마의 말에 반응하고 문화센터 선생님을 따라 움직이고 스스럼없이 활동에 참여할 수 있는 그런 아이들을 보면 가슴속에 커다란 돌덩이가 떨어지는 것 같았다. 저 깊은 곳에서 파문이 일었다. 비교는 빠져나오기 힘든 늪과 같았다. 우울감이 끈덕지게 따라붙었다. 우울은 원망이 되고 원망은 짜증이 되고 짜증은 화로 돌아왔다. 이 세상 하나밖에 없는 내 아이니까, 오로지 나만의 기준으로만 현이를 바라보자고 다짐했다. 현실은 반대였다. 말도 하지 못했고 반응도 별로 없던, 세상 제일 시크한 아이의 엄마는 여전히 비교질에 여념이 없다.

한동안 나의 주요 관심사는 영어였다. 현이가 평범했다면 아마 나는 서너 살 무렵부터 영어를 가르쳤을지도 모르겠다. 그 나이에 할 수 있는 게 영어 CD를 듣거나 영어책을 읽어 주거나 영어가 나오는 장난감을 사 주는 정도였겠지만. 실제로 나는 돌 무렵부터 영어 CD를 틀어놓고 현이와 함께 들었다.

"Polar bear, polar bear, what do you hear?"

지금도 또렷이 기억나는 이 노래. 그러다 21개월, 모든 걸 중단했다. 비단 영어뿐만 아니라 한국어로 된 책이나 CD 모두 다 치워 버렸다. 이유는 단 한 가지, 현이가 말을 하지 못했기 때문이었다.

정신과의원에서는 언어를 배우는 데 미디어가 부정적 영향을 미친다고 말했다. 책을 읽어 주는 것도 권장하지 않는다고 했다. 그때 당시 현이는 문자에 강한 집착을 보였다. 한자 카드를 보며 한자 노래를 듣던 현이는, 한때이긴 하지만 한자를 구별할 수 있을 정도로 문자를 기억하는 힘이 상당

했다. 작정하고 가르쳤으면 단어 하나 제대로 말하지 못하는 아이가 한자를 구분하는 기이한 상황이 펼쳐졌을 것이다.

시간이 지나 화용언어를 제외하고 표현언어나 수용언어에서 자기 월령을 앞섰지만 모국어를 구사하는데 외국어가 방해될까 싶어 영어를 가르치지 않았다. '영어는 무슨! 한국말을 잘해야지'라는 마음으로 때를 기다렸다. 몇 년이 지났을까? 결국 분당서울대학교병원 진료에서 그동안 꾹꾹 눌러두었던 영어에 대한 욕망이 고개를 드러냈다. 용기를 내어 의사 선생님께 물었다.

"개인적 질문일 수도 있는데 아이에게 영어를 가르쳐도 괜찮을까요?"

"어머니, 영어를 가르쳐야 하냐고 물어볼 게 아니라 영어는 당연히 가르쳐야 하는 거예요. 언어적 강점이 있는 아이인데 영어를 배워야죠. 강점을 키워 주셔야죠."

의사 선생님의 대답은 예상을 벗어났다. '언어적 강점이 있는 아이'라는 말에 살짝 충격을 받았다. 말을 늦게 뗀 아이가 어떻게 언어적 강점이 있냐고 묻는다면 나도 할 말은 없으나 지능검사 결과지를 보면 그렇게 나와 있다.

"언어적 습득 기능에 강점이 있으나 언어를 실생활이나 문제 해결 과정에서 원활하게 활용하거나 적용하는 기능은 상대적으로 부족한 것으로 판단된다."

되돌아보면 현이는 가르쳐 주지 않았는데도 혼자서 한글을 깨쳤다. 숫자 감각도 있어서 암산도 잘하는 편이었다. 아이러니하게도 바로 이런 점이 자폐스펙트럼의 특징이라고 여겼다. 강점이라고는 생각지 못했다.

"지능 간 편차가 심해서 부족한 기능을 올려 주셔야 해요. 아이가 잘하는 건 부모의 개입 없이도 잘할 거니까요."

49개월, 종합심리검사에서 임상심리사가 했던 말이었다. 이 말 때문이라고는 할 수 없지만 나는 현이의 부족한 점을 끌어올리기 위해 애를 썼다. 사회성이 문제야, 사회성을 키워줘야 해. 그런데 정작 잊고 있었다. 현이에게도 강점이 있다는 것을. 지능검사 결과지만 읽어봐도 한눈에 딱 들어오는 강점 대신 약점만 캐내느라 허덕인 거였다.

곧바로 영어를 시작했다. 영어 CD와 영어책을 구입했다. 그리고 지금까지 영어를 듣고 영어 DVD를 보고 영어책을 읽어 주는 일상을 반복하고 있다. 편하게 말하면 엄마표 영어다. 현이는 이 활동만으로 알파벳과 파닉스를 뗐다. 영어 학원은 다니지 않았지만 현재 영어로 듣고 말하는 게 꽤 자연스럽다. 영어 라이팅은 기대할 수 없으나 나는 지금 이 수준에 만족하고 있다.

현이에게 가르치고 싶은 건 학문으로서의 '영어'가 아니라 언어로서의 '영어', 다른 나라 사람들과 자유롭게 대화하는 것이니까. 언어를 할 수 있는 만큼 네가 닿을 수 있는 다름에 대한 경험의 깊이가 달라질 테니까. 그저 심플하게, 너와 함께 세계 일주를 하고 싶으니까.

곧 가자, 어디든 여행하러.

명심하기!
훈육에 정답은 없다

처음엔 '훈육'이라 쓰고 다시 '지시'라고 고쳐 쓴다. 아마도 아이에겐 '잔소리'에 지나지 않을 것이다. 훈육은 어렵다. 훈육의 사전적 정의는 품성이나 도덕 등을 가르쳐 기르는 것이지만 현실 속에서 훈육은 협박을 동반한 명령으로 변할 때가 많다. 단호하고 일관적인 태도가 중요하다는 것도 알고 있지만 이 같은 태도를 유지하기 힘들다.

가르쳐야 할 게 많은 만큼 현이와 부딪히는 일도 빈번하게 일어났다. "세수해", "옷 입어", "숙제해", "서둘러"와 같은 간단한 지시부터 "인사해", "친절하게 얘기해", "궁금하면 물어봐",

"갑자기 화내지 마"와 같은 사회적 조언들은 해도 해도 끝이 없었다. 이놈의 잔소리는 언제쯤 끝이 날까? 아침에 눈을 뜨자마자 잔소리는 시작됐다. 꾸물대는 현이에게 빨리 준비하라며 잔소리를 하다가 화를 내고 결국 참지 못하고 소리를 질렀다.

"도대체 얼마나 얘기를 해야 알아듣겠니? 이러니까 친구들이 싫어하지. 엄마도 너랑 있는 게 힘들어."

아이가 듣기엔 잔인한 말들이 우수수 쏟아졌다. 뒤돌아서면 바로 후회하는 말들이지만 나도 사람이기에 계속 같은 실수를 저질렀다. 후회하고 다짐하고 또다시 후회하는 쳇바퀴. 나만 그런 게 아니었다. 남편도 더하면 더했지 덜하지 않았다.

남편은 다정한 사람이다. 현이와 재미있게 놀아 주는 친구 같은 아빠. 단점이 하나 있다면 잔소리가 많다는 것이다. 이거 하지 마라, 저거 하지 마라, 이건 안 된다, 저것도 안 된다. 이기적이게도 나도 잔소리를 하면서 남편이 하는 잔소리는 견디지 못했다.

살짝 핑계를 대자면 잔소리가 짧지 않기 때문이다. 남편이 지시할 때마다 현이는 계속 모른 척하거나 되레 과장된 몸짓으로 화를 돋웠다. "목소리가 커. 조용히 해야지"라는 말에 더 큰 소리를 내거나 "똑바로 걸어. 발목 삐어"라는 말에 발목을 일부러 꺾으며 걷는 식이었다. 남편도 지지 않았다. 길고 긴 설명으로 현이를 굴복시켰다. 이후엔 현이가 비슷한 잘못을 반복한다는 점을 지적했다. 이럴 때는 "미안해"라는 말도 소용없었다.

"아빠, 미안해. 아빠 말 잘 들을게. 다신 안 그럴게."

"그 말 믿을 수 없어. 다시 하지 않겠다고 해도 또 그럴 거잖아."

십여 분 지속될 심리전의 서막이었다. 나는 두 사람이 벌이는 전쟁에서 도망치고 싶었다. 아무것도 듣고 싶지 않았다.

남편과 이 문제로 자주 다퉜다. 사소한 것까지 지적하지 말라고, 제발 잔소리 좀 줄이라고. 하지만 잔소리의 빈도가 줄어드는 만큼 강도가 세지는 기현상이 발생했다. 머리로는 남편을 이해하지만 마음으로는 전혀 이해하지 못했다.

"그냥 장애가 있는 아이라고 생각해. 불쌍하게 생각하라고."

나는 결국 장애란 말을 입 밖에 꺼냈다. 연민이라도 가졌으면 싶어서였다. 나는 남편이 아이를 바른길로 이끄는 지도자가 아니라 힘들 때마다 지켜 주는 수호자가 되길 원했다.

따지고 보면 나도 잘하지 못하는 일이다. 나도 그렇고 남편도 그렇고 우리 둘 다 부족하다.

이런 표현은 그렇지만 현이는 정말 평범해 보인다. 신경 발달상의 다름은 눈에 보이지 않으니까. 적어도 몇 시간 겪어 봐야 알 수 있다. 사사건건 지나치지 않는 예민함을, 궁금증이 풀릴 때까지 늘어지는 집요함을, 감정의 공유가 필요한 순간 적당한 반응을 보이지 않는 미묘함은 오랜 시간이 지나야 비로소 깨닫게 되는 법이다. 그러면서도 우리는 현이에게 가장 이상적인 잣대를 들이댄다. 지금도 방황 중이다. 여기도 저기도 아닌 경계에 선 아이. 어떻게 도와줘야 할까?

여러 권의 육아서를 읽어 봐도 왠지 현이에게는 통하지 않을 것 같았다. 너무 구체적인 훈육 방법도 머리에 들어오지 않았다. 결국 몇 가지 원칙만 세웠다.

- 아이의 감정에 공감해 주되 내 감정은 배제한 채 단호한 태도로 말해야 한다.
- 반드시 지켜야 할 일은 예외 사항 없이 일관된 태도로 가르친다.

- 계속 노력해도 고쳐지지 않는 일이 있다면 환경을 바꿔야 한다.

다시 읽어 봐도 실행하기 어렵지만, 이를 지키기 위해 노력하고 있다.

초등학교 입학 후 매일 아침, 등교 준비로 실랑이를 벌였다. 거짓말 안 보태고 하루걸러 큰 소리가 났다. 화내고 후회하고 자책하는 신학기를 보낸 뒤, 지금은 내가 조금 도와주는 것으로 노선을 변경했다. 양치질을 하라고 말하는 대신 칫솔에 치약을 묻혀 이를 닦였다. 입안에 치약을 가득 머금은 현이는 바로 화장실로 달려가 입을 헹궜고 연이어 세수를 했다. 세수를 한 뒤 현이가 한눈을 팔기 시작하면 내가 옷을 입혔다. 대신 옷을 다 입혀 주진 않고 티셔츠에 얼굴만 넣어주고 다음 일을 하도록 유도했다. 이러다가 영영 엄마에게 의존하는 어린아이로 남는 게 아닌가 걱정되기도 했다. '저 정도 나이가 되면 스스로 알아서 해야 하는데'라는 생각도 들었다.

그러나 아침마다 등교 전쟁을 하며 서로의 기분을 상하게 하는 것보다는 조금 불안하지만 내가 한발 양보하는 길을 택했다. 양치질을 못 하거나 혼자서 옷을 입지 못하는 것도 아니고 갈등의 반복을 피하기 위해 현이를 돕는 일이니 이 정도면 괜찮지 않을까? 결국은 우리에게 편안한 길을 찾는다. 내 마음이 편해야 네 마음도 편할 테니까. 그게 우리가 함께 사는 방법이다.

계속 노력하되
걱정하지 않기

"어머니는 어떻게 푸세요?"

몇 년 전 플로어타임 선생님이 이런 질문을 던졌다. 딱히 힘들다고 느끼진 않았는데 막상 이 말을 들으니 가슴이 먹먹해졌다.

그동안 힘든 상황을 현명하게 헤쳐 왔다고 생각했다. 이른 시기에 다름을 인지하고 지체 없이 치료를 시작했으며 현재 그 남다름이 두드러지지 않는 수준으로 발전했다고 믿었다. 그런데도 지나온 시간이 서러워 울고 싶을 때가 있었다. 답답하기도 하고 원망스럽기도 하고 모든 걸 포기하고 싶기도 했다. 이렇게 노력하는 게 무슨 의미일까? 허무함에 빠지기도 했다. 꽤 단련됐다고 생각하면서도 뜬금없이 찾아오는 현이의 예민함과 불안함, 과도한 경쟁심과 부족한 사회성을 마주할 때면 온갖 부정적인 감정에 휩싸였다.

만약 현이가 평범한 아이였다면 얼마나 많은 행복을 누릴 수 있었을까? 아마 그랬으면 친구들과 어울리지 못하는 현이를 보며 전전긍긍하는 일도, 사소한 일로 화를 내는 현이와 씨름하는 일도, 뒤돌아서서 눈물을 훔치는 일도 이보다 적었을 것 같다. 한 살, 두 살, 세 살, 눈에 넣어도 아프지 않을 아이와의 소중한 시간들을 모두 놓쳤다. 대신 나는 발 빠르게 뛰어다녔다. 발달센터를 찾고 선생님을 물색하고 병원에 다니고 관련 서적을 읽고 현이를 분석하는.

어렸을 때부터 현이는 아주 작은 것도 그냥 넘어가는 법이 없었다. 서너 살 무렵, 현이는 CD를 들을 때마다 트랙 넘버 1부터 순서대로 들어야 했다. 차만 타면 이런 현상이 도드라졌다. 현이는 트랙 넘버를 외우는 건 기본이고 노래의 러닝타임을 초 단위로 암기했다. 마치 그 노래에 대해서는 하나부터 열까지 알아야 하는 듯 말이다. 차에서 내릴 때도 노래를 끝까지 들은 후 내려야 했다. 나는 노래가 끝남과 동시에 자동차 시동을 껐다. 급한 일이 생겨 중간에 노래를 멈춰야 하는 경우, 지루한 힘겨루기가 시작되었다. 다른 사람들과 동승하는 날에는 상황이 더 심각했다. 대화 한마디 나누려 하면 노래가 안 들린다며 짜증을 냈다.

"처음부터 다시!"

현이가 소리를 질렀다.

남다른 아이라는 것을 알고 있지만, 이 같은 상황을 견디는 건 쉽지 않았다. 현이를 윽박지르거나 무시한 적도 여러 번이었다. 그때마다 결과는 엄마의 참패. 소리 높여 우는 현이를 보면 내 가슴이 더 메었다. 일상생활에 지장을 주는 것도 아니고 CD를 처음부터 끝까지 빠짐없이 들어야 하는 일이라면 현이의 요구를 수용하는 게 낫겠다고 합리화했다. 대신 차가 아닌 다른 곳, 가령 집에서는 절대로 CD를 듣지 않았다. 그깟 CD로 집에서 다투고 싶지 않았다.

이와 비슷한 일은 끝이 없었다. 의미 없이 지나칠 일도 하나하나 세세히 신경 써야 했다. 어떤 엘리베이터를 타는지 결정하는 것부터 시작해 가장 높은 층이나 낮은 층을 일일이 확인해야 하고 주차를 몇 층에 해야 하는지도 협상이 필요했다. 그럴 때마다 지쳤다. 이젠 좀 그냥 무난하게 넘어가고 싶다는 바람이 간절했다.

그런데 신기한 일도 일어났다. 현이가 집착하던 것들은 대부분 소리 없이 사라졌다. 여전히 노래를 듣다 주변이 시끄러우면 짜증을 내지만 예전과 같은 과한 반응은 보이지 않는다. 아직도 투명한 엘리베이터를 좋아하지만 시간이 없을 경우 엘리베이터를 타지 않아도 괜찮다. 과거에는 엘리베이터를 타면 무조건 건물 꼭대기까지 올라가야 직성이 풀렸지만 지금은 그러지 않는다. 자신이 가야 할 층을 누르고 가만히 기다리고 서 있다. 원하는 대로만 할 수 없다는 것을 깨달았기 때문인지, 상황에 대한 인지 능력이 발달했기 때문인지 이유는 알 수 없지만 아이의 성장은 잊지 않고 찾아왔다.

현이와 집 근처 미용실에 간 날이었다. 초등학교 입학 전까지는 집에서 차로 삼십 분 거리에 있는 어린이 미용실에 다녔다. 하도 오래 다녀서 전담 선생님이 현이를 척 알아보고 십여 분 만에 뚝딱 머리를 자르곤 했었다. 현이는 한 손엔 과자를 든 채 노란 람보르기니 자동차에 앉아 옥토넛 동영상을 보았다.

이제 현이는 특별할 것 없는 어른 미용실 의자에 쿠션을 대고 앉아 머리를 자른다. 꽤 의젓해 보인다. 고개 숙이라 하면 숙이고 눈 감으라 하면 감고, 하라는 대로 참 잘한다. 현이는 눈 뜨라는 말을 듣기 전까지는 눈을 뜨지 않을 거다. 속으로는 엄청 긴장하고 있겠지.

내 인생이 눈물바다일 거라고 생각한 적이 있었는데 이렇게 평화로운 날도 온다. 학교에서는 하루걸러 하나씩 사사로운 실수를 저지르고 가끔씩 과한 행동으로 물의를 일으키거나 친구들과 함께하지 못해 의기소침해 있기도 하지만 그래도 놀랍도록 많이 발전했다.

"어머니는 어떻게 푸세요?"

"저는 예전과 같이 힘들지 않아요."

앞으로 밟아야 할 고된 과정이 있겠지만 현이는 지금 안정되어 보인다. 나도 점점 안정을 찾고 있다. 이 편안함이 깨지는 날도 오겠지.

"계속 노력하되 걱정은 하지 마세요."

이렇게 하는 게 얼마나 힘든 일인지 잘 알고 있지만 이 말만큼은 가슴속에 오래도록 담아두고 싶다.

감사하기!
서툴지만 배우고 있다

사회성은 추상적이고 복잡하다. 단순히 친구들과 어울리지 못하는 것을 사회성 부족이라 볼 수도 있지만 그 안에는 수만 가지 이유가 존재한다. 대놓고 자기 말만 하는 게 이유일 수도 부끄러워서 아무 말도 하지 못하는 게 이유일 수도 있다. 상황에 맞지 않는 표현을 하는 것도 그렇지만 상황에는 맞지만 너무 과하게 반응하는 것도 문제가 된다.

자폐 관련 권위자로 유명한 전문가는 사회성을 기르기 위해 훈련을 지속하는 것이 중요하다고 강조한다. 시간이 지날수록 사회적 상황에 대한 난도가 올라가기 때문이다. 아이가 잘할 것이라는 막연한 기대를 갖기보다는 어떤 문제가 생길지 예측하고 준비를 시켜야 한다고 말이다.

자폐스펙트럼 진단을 받은 아이들은 사람들 사이에서 일어나는 다양한 상황을 이해하는 데 어려움을 겪는다. 그래서 갖가지 상황에 대한 가이드가 필요하다. 사회적 상황에 대한 경험치를 높이고 각 과정에서 할 수 있는 적절한 말과 행동을 가르쳐 줘야 한다. 일상생활에서 혹은 사회성 관련 수업을 통해 꾸준히 사회성을 연습하는 것이 현실적인 방법이다.

손원평 작가가 쓴 소설 《아몬드》 주인공은 선천적으로 작은 편도체 때문에 감정을 느끼지 못한다. 병명은 알렉시티미아, 다시 말하면 감정표현 불능증. 주인공의 모습은 자폐스펙트럼이나 아스퍼거 증후군과 일부 겹친다. 사람의 표정을 읽지 못하고 말의 숨은 의미를 파악하지 못한 채 있는 그대로 해석하는 것도 비슷하다.

주인공의 엄마는 아들이 도드라져 보일까 봐 '정상적'으로 보이는 행동을 가르치지만 이게 참 어렵다. 상황에 따라 사람에 따라 똑같은 말을 해도 의미가 달라지기 때문이다. "내 옷 이상하지 않니?"란 단순한 물음에도 의도가 깔려 있다.

진실을 물을 때도 있겠지만 옷이 잘 어울린다는 칭찬을 받기 위해 일부러 묻기도 한다. 속이 상할 대로 상한 뒤 "그냥 네가 하고 싶은 대로 해"라고 내뱉은 사람의 속내를 이해하지 못한다.

한동안 다양한 사회적 경험을 쌓기 위해 다른 아이들을 찾아 나섰다. 같은 학원에 다녔던 아이의 엄마에게 연락해 약속을 잡고 비슷한 나이의 아이를 키우는 오랜 친구들에게도 도움을 청했다. 하다못해 동네 놀이터를 배회하곤 했다. 초등학교에 입학한 뒤에는 같은 학교 엄마들과 친분을 쌓기 위해 공을 들였다.

그런데 다른 아이들과 어울릴수록 현이가 튀는 일이 생겼다. 짜증을 내고 소리를 질렀다. 술래잡기를 할 때는 술래를 하지 않겠다고 버티고 달리기 시합을 할 때는 일등을 못 했다고 울먹였다. 다른 아이가 한 실수에 대해서는 얄미울 정도로 강하게 지적했다.

평범한 아이라면 또래 집단 속에서 어울리는 법을 익히길 기다리면 될 것 같은데, 필요한 경우 약간의 조언을 곁들여 가르치면 될 것 같은데, 이미 '사회성 부족'으로 '개입'이 필요하다고 판정받은 현이에게는 어떻게 도움을 줘야 할지 가늠이 되지 않았다. 또 어느 정도로 자주 빈번하게 사회적 상황에 노출시켜야 하는지도 확실치 않았다. 현이가 도전할 수 있는 사회적 경험의 적정선은 도대체 어디까지일까?

심리상담가로 일하는 새언니에게 사회성을 발달시키려면 어떻게 해야 하는지 물은 적이 있다. 언니의 대답을 빌리자면 사회성을 발달시키는 방법은 크게 두 가지. 사회적 상황을 이해하고 적합한 행동을 가르쳐 주는 사회성 기술 훈련과 다른 사람들의 마음을 수용하는 마음읽기 연습이 있다.

내가 지금까지 했던 것은 대부분 사회성 기술 훈련. 언니는 사회성 기술 훈련도 중요하지만, 근본적으로 마음읽기 연습을 해야 한다고 강조했다. 마음읽기는 자신의 감정이 충분히 받아들여졌을 때 비로소 시작된다. 누군가 내 감정을 들여다보고 있는 그대로 수용하는 경험을 하다 보면 자연스럽게 다른 사람의 마음도 읽을 수 있기 때문이다.

마음읽기의 첫걸음은 부모와의 상호작용이다. 먼저 아이의 감정을 읽어야 한다. 화난다, 슬프다, 아쉽다, 불편하다, 괴롭다 등 감정에 이름을 붙여 주어도 좋다. 언어로 표현하기 힘들다면 감정카드를 활용하는 것도 방법이다. 아이가 자신의 감정을 인지하는 과정이 필요하다.

부모와의 연습이 어느 정도 진행되었다면 친구들 사이에서 일어나는 여러 일을 접하며 마음읽기 연습을 할 수 있다. 친구와 다퉜을 때 "친구는 어떤 기분이 들까?", "네가 친구였다면 어떤 마음일까?"와 같은 질문을 하는 것도 도움이 된다.

마음읽기는 내가 소홀히 여기던 부분이었다. 나는 현이의 마음을 읽어 주는 데 서툴렀다. 나는 감정을 받아들이기보다는 회피하는 사람에 가까웠다. 억울하거나 속상한 일이 생겨도 말을 하기보다는 입을 굳게 다문 채 내 안으로 들어갔다. 힘껏 소리치고 싶은 욕망이 쌓이고 쌓여도 그걸 입 밖으로 꺼내지 못했다. 이런 나에게 마음읽기는 풀기 어려운 숙제 같았다. 나도 연습이 필요하다.

결국 나도, 아이도 부담 가지 않는 선에서 노력하려고 한다. 마음읽기 연습도 하고 사회성 기술 훈련도 멈추지 않겠다. 다만 서두르지 않겠다. 이 과정은 몇 년으로 끝나지 않을 테니까. 오 년, 십 년, 어쩌면 생이 다할 때까지 지속될지 모르겠다.

그래도 괜찮다. 우리에겐 쇠털같이 많은 날이 있다. 서툴지만 조금씩 배워가고 있다.

아이를 믿고 응원하기

현이는 장애 등록을 하지 않았다. 특수교육 대상자 신청도 하지 않았다. 언어 능력이나 인지 영역에 특이 사항이 없는 경우 장애로 인정받기 힘들기 때문이다. 장애 등록을 고려해 본 적은 없지만 정작 장애 등록을 하고 싶어도 심사에서 떨어지는 경우가 많다고 들었다. 자폐스펙트럼장애 범위는 대단히 넓고, 이 기준으로 진단받는 아이들이 늘어나는 상황에서 정작 국가로부터 인정받지 못하는 아이러니. 사회에서 살아가는 데 도움이 필요한 사람들을 구분하고 지원하기 위해 자폐스펙트럼장애란 진단명이 나왔지만 우리는 이들에게 꼬리표만 붙인다.

"무슨 이유로 장애 등록을 원하시나요?"

"부모가 해 줄 수 있는 마지막 안전장치니까요."

최소한의 안전장치를 마련하기 위해 장애 등록을 원하는 사람들이 있다. 학교에서는 왕따로, 군대에서는 관심 병사로, 사회에서는 아웃사이더로 살아가는 세상에서 부모의 선택지가 별로 없기 때문이다. 장애 등록 대상자로 선정되기 위해 진단서를 비롯하여 장애를 증명할 온갖 서류를 준비해야 하는 현실은 가혹하다. 장애인에 대한 은근한 차별에도 자신의 아이를 장애인으로 세우고자 하는 부모의 복잡한 심경을 나는 감히 상상하지 못한다.

"아이에게 자폐스펙트럼 진단을 알리지 않고 최대한 평범하게 키우려고 노력한 부모와 아이에게 자폐스펙트럼 진단을 알리고 최대한 조심스럽게 키운 부모, 이 두 가정 중 어디에서 자란 아이가 더 행복할까요?"

인터넷 커뮤니티에 누군가 쓴 질문을 본 적 있다. 정답은 없다. 나는 진단은 잊어버리고 가능한 한 평범하게 키우는

세상살이가 믿음만으로 해결되지 않겠지만,
열심히 하면 이룰 수 있다는 희망을
아직 버리지 않았다. 노력이 좌절의 쓴맛을
남기더라도 일단 앞으로 나아간다.

동시에 마치 유리 위를 걷듯 조심스럽게 이끌어야 한다고 생각했다.

"아직 아이를 완전히 인정하지 못해서 그런 거예요. 아이가 더 힘들어질 수도 있어요."

발달센터에서 만난 엄마에게 이런 말도 들었다. 이 말이 맞을 수도 있다. 진단을 받았지만 진단에서 먼 아이로 키우고픈 욕심을 버리지 못했으니까.

시간이 지날수록 요구하는 바가 점점 늘어났다. 어렸을 땐 말만 잘하면 괜찮다고 여겼다. 말을 하고 나서는 친구들과 사이좋게 어울리면 좋겠다고 바랐다. 이왕이면 인사도 잘해서 어른에게 칭찬받는 아이가 되길 원했다. 어떤 면에서는 바람직한 모범생으로 자라길 바랐는지도 모르겠다.

그 와중에 현이는 감정 조절을 적절히 하지 못해 짜증을 내거나 울어 버렸다. 친구들이 묻는 말에 엉뚱한 말을 하거나 아예 답을 못 하기도 했다. 옆에서 알려 주지 않는다면 친구들을 보고 "안녕" 인사를 하는 것도 버거운 눈치였다. 인사를 해야 한다는 사실은 잘 알고 있지만 인사라는 말이 명령어가 되어 뇌에 지시를 내리기까지의 과정이 너무 길었다. 그 사이, 현이는 할 말을 잃어버렸다.

현이가 전혀 다른 사람이 되길 바란 건 아니었다. 현이가 가진 고유의 성향도 인정해 주고 싶었다. 동시에 반드시 배워야 할 것도 있다고 생각했다. 아이에게 가르쳐 줘야 할 것과 변하지 않는 아이의 성향, 이 두 가지가 서로를 향해 화살을 겨눴다. 이쪽에서 저쪽으로 내 마음도 줄다리기를 했다. 열심히 노력하면 닿을 수 있을 것 같은데 아무리 노력해도 닿을 수 없는 간극을 깨달을 때도 있었다. 이 간극이야말로 현이가 가진 부족함의 실체인지도 모른다. 현이에게 계속 배우라고 강요하는 것도 어쩌면 억압과 폭력의 다른 이름일 수 있다.

  다만 태도에 대한 문제는 다르다. 인간으로서 지켜야 할 최소한의 사회성과 도덕성은 존재한다. 이를테면 타인에게 피해를 주는 행동은 해서는 안 된다는 것, 이유 없이 소리 지르지 않고, 화가 날 때도 행동이 아닌 언어로 표현해야 한다는 것, 잘못했을 때는 정중히 사과해야 한다는 것. '최소한'임에도 불구하고 여러 가지 복잡한 일들이 수없이 일어나고, 반드시 알아야 할 일도 산더미처럼 쌓이겠지만 하나씩 꾸준하게 가르치는 방법밖에 없다고 생각한다. 대단히 어려운 작업이라 해도 천천히, 인간을 향한, 관계를 향한, 멈추지 않는 두드림. 그렇게 아이가 성장하는 게 아닐까?

　불가능에 대한 가능성을 믿다가 매번 좌절한다는 의미를 가진 '희망 고문'보다는 '시행착오'라는 말을 좋아한다. 실패를 거듭하더라도, 마음에 상처로 남더라도, 이로 인해 좀 더 단단한 존재가 되리라 믿고 있다. 세상살이가 믿음만으로 해결되지 않겠지만, 열심히 하면 이룰 수 있다는 희망을 아직 버리지 않았다. 노력이 좌절의 쓴맛을 남기더라도 일단 앞으로 나아간다. 저 끝에 뭐가 있는지는 모르지만.

EPILOGUE

참 고귀한 존재,
너를 만나기까지

쿵닥 …… 쿵쿵 ……

저 멀리서 네가 오는 소리가 들린다.

나는 좋은 자궁이 아니었다. 결혼 후 직장을 이유로 한동안 임신을 미루길 원했다. 그때 내 나이 서른.

"애는 임신이 네 마음대로 이때다 싶으면 되는 줄 아니?"

친정엄마의 잔소리는 내 귀에 들어오지 않았다.

"엄마, 내 인생도 있는 거잖아. 나는 아직 준비가 덜 되었다고!"

그렇게 피임을 한 지 삼 년이 흘렀다. 그리고 임신을 시도하며 정확히 삼 년을 보냈다. 배란기에 맞춘 자연 임신부터 약물을 먹고 배란을 촉진시키는 과정, 이후 약물과 주사를 병행하고 인위적으로 정자를 주입하는 인공수정을 시도했지만 소식은 없었다. 피임한 기간만큼 임신이 안 된다더라, 결혼 후 일 년 내 아이를 가지지 못하면 불임이라더라 등 주변에서 들리던 말이 내 귓가를 떠나지 않았다. 그런 중 인공수정 두 번 만에 임신 테스트기에서 또렷한 두 줄을 보았다.

"나 임신 성공했나 봐!"

기대와 설렘, 무엇보다 두근두근, 쿵쿵, 가슴이 두방망이질 쳤다. 아이가 내게 오는 소리였다.

그런데 도무지 이해가 안 가는 일이 일어났다. 초음파로 아무리 들여다봐도 아기집이 보이지 않는다는 것이었다. 내 마음속 아기는 며칠 새 계속 신호를 보내고 있는데 정작 자궁 안에는 아기가 없다니. 도대체 어디에 있는 거니? 순간 오른쪽 골반 부위에 찌르르 통증이 느껴졌다. 의사 선생님이 말했다.

"자궁외임신입니다. 수술하거나 아니면 약물로 바로 치료해야 합니다."

어렵게 생긴 아기가 자궁이 아닌 오른쪽 난관에 자리 잡았다는 말이었다. 설마 하는 의심, 나에게 그런 일은 없을 거란 부정, 시간이 지나면 기적처럼 아이가 제 자리를 찾지 않을까?라는 생각도 스쳤다.

"하루가 급하니 당장 결정해야 합니다."

의사가 재촉했다.

"수술하면 어떻게 되는 거죠?"

"한쪽 난관을 절개해 세포를 떼내야지요. 약물치료를 받더라도 난관이 막혀 제 기능을 다하기는 어려울 겁니다."

2013년 11월, 나는 세포를 제거하는 수술 대신 세포를 죽이는 약물치료를 선택했다. 소량의 항암성분이 들어 있는 주사를 맞은 뒤, 정신없이 집에 와 거실 바닥에 누웠다. 남편에게 임신 사실을 알리며 호들갑 떨던 것이 불과 며칠 전인데 나는 지금 유산이 되길 기다리고 있었다. 욱신욱신 자꾸 오른쪽 배가 아팠다. 아가야, 이게 너구나. 네가 아직 내 몸속에 살아 있다는 소리구나.

이제 약물이 서서히 몸속에 퍼져 빠른 속도로 자라는 세포를 제거할 것이다. 약물조차 말을 듣지 않으면 어쩔 수 없이 수술을 해야 한다. 나는 약물 효과가 제대로 나타나길 바라면서도 왠지 오른쪽 복부의 통증이 잦아드는 것이 아쉬웠다. 제대로 착상했더라면 너는 딸일까 아들일까? 덧없는 질문만 맴돌았다. 그리고 2주 뒤 나는 하혈을 시작했다.

이후로도 치료 과정은 녹록지 않았다. 사흘에 한 번 혈액 검사로 임신 수치가 떨어지는지 추적 관찰을 해야 했고 때때로 참기 힘든 통증에 시달리기도 했다. 문제는 태반이 계속 자랄 경우 난관이 파열돼 긴급 수술을 받을 수 있다는 사실이었다. 나는 한동안 가방 속에 응급 상황 시 필요한 의사 소견서를 넣고 다녔다. 내 몸의 모든 반응은 시한폭탄처럼 째깍째깍 나를 곤두서게 만들었다.

자궁외임신으로 속앓이를 하던 즈음, 할머니가 돌아가셨다. 십여 년 전 뇌경색을 앓고 한쪽 몸이 마비된 할머니는 휠체어를 타고 다녀서 이동에 제약이 많았다. 이후 할머니를 거의 뵙지 못했다. 바쁘다는 이유로 일 년에 한두 번 정도 얼굴을 비치는 게 고작이었다.

오랜만에 본 할머니 얼굴은 밤톨만큼 작아 보였다. 생명이 모두 빠져나간 후의 까슬까슬한 얼굴이었다. 친정엄마는 조문객 접대로 시종일관 덤덤한 표정을 유지하다가 염을 시작하자마자 초여름 소나기처럼 와락 눈물을 쏟기 시작했다.

"엄마, 미안해. 엄마, 미안해."

흐느끼는 엄마를 보자 가슴이 무너졌다. 할머니는 엄마를 낳았고 엄마는 나를 낳았다. 엄마를 낳은 할머니는 차가운 탁자 위에 누워 있고 엄마가 낳은 내 자궁에는 온전치 않은 아기가 매달려 있다. 십여 분 염을 하는 과정에서 우리 모녀는 비슷한 듯 서로 다른 이유로 장례식 내내 참아 왔던 눈물을 터트렸다.

  할머니에게 잘해 드리지 못한 아쉬움 때문인지, 자궁에 제대로 자리 잡지 못한 생명을 잃은 슬픔 때문인지 나는 모르겠다. 그저 아무것도 할 수 없음에 모든 것을 받아들여야 함에 헛헛함을 느꼈다. 내가 할 수 있는 일은 "생명으로 채 피지 못한 아이가 할머니를 반겨줄 거예요. 할머니 걱정하지 마세요"라고 읊조리는 게 전부였다. 내 안에서 조그맣고 연약한 생명이 빠져나가고 있었다. 할머니 장례식에서 나는 아기와 작별 인사를 했다.

  오랜 시간이 지난 후에도 가끔 오른쪽 골반 부위에 손을 대고 깊은숨을 쉬곤 했다. 콩닥콩닥, 콩콩, 들릴 듯 말 듯 생명의 소리가 손안으로 잔잔히 스며드는 것 같았다.

  지인이 이런 말을 한 적이 있다. 지나간 일들은 잊히기 마련이지만 그 일이 일어났다는 사실만큼은 변함없다고, 그러니 그 무엇인가가 사라진다고도 생각하지 않는다고, 기억 어딘가에 깊숙이 새겨 있어 언젠가 나타나리라 믿는다고.

어쩌면 그 말이 맞는지도 모른다. 나는 잠시나마 딸인지 아들인지 모를 존재가 내 안에 살았던 것이 고맙고 내게 생명의 소리가 무엇인지 알게 해 줘서 고맙다. 나는 아기를 잃었지만 내 몸속 어딘가에 그 조그마한 존재가 있다고 믿는다. 그 존재가 깨어나길 두 귀를 쫑긋 세우며 기다리고 있다.

    콩닥콩닥 …… 쿵쿵 ……
    저 멀리서 네가 오는 소리가 들린다.
    콩닥 쿵쿵! 나를 울리는 네 심장 걸음.
    아가야, 내 안에 들어와 살포시 노래해 주렴.
    나 여기 있다고, 곧 피어날 거라고.
    ……
    그 후 2015년 가을, 나는 너를 만났다.
    너는 참 고귀한 존재다.

독특한
아이를 키우면서
알게 된 것

자폐증 환자는 닮은 꼴이 없다.
각 사례마다 정확한 상태나 증상이 다르다.
뿐만 아니라 자폐성 특징과 기타 개인적 특성들이
아주 복잡하게 상호작용 하는 경우도 있다.
따라서 한번 흘끗 보기만 해도 진단을 내릴 수 있지만
자폐증 환자를 진정으로 이해하고 싶으면
일대기 정도는 알아야 된다.

_ 올리버 색스, 《화성의 인류학자》

조기 개입이 필요한
초기 신호 5가지

자폐스펙트럼의 경우 조기 개입이 효과적인 만큼 가능한 한 빨리 치료를 받는 것이 중요하다. 그저 늦된 아이라고 생각했던 다름이 조기 개입이 필요하다는 초기 신호일 수 있다. 돌 이전부터 두 돌 전까지 현이가 했던 행동 중 눈여겨볼 만한 몇 가지를 정리했다.

1. 고개를 젓거나 끄덕이지 않는다

말을 늦게 하기도 했지만 언어가 아닌 부분에서도 의사소통 기능이 떨어졌다. 가령 '맞다'는 의미로 고개를 끄덕이지 않았고 '아니다'라는 의미로 고개를 젓지도 않았다. "안 돼"라고 말해도 행동을 멈추거나 엄마 아빠 눈치를 보지 않았다. 간단한 지시도 따르지 않았다. 이쪽으로 오라고 손짓을 해도 가만히 있는 경우가 대부분이었다.

2. 포인팅을 하지 않는다

앞서 비언어적인 소통을 하지 않는 것과 비슷한 의미로 포인팅도 하지 않았다. 포인팅Pointing이란 멀리 떨어져 있는 사물을 집게손가락으로 가리키는 것을 말한다. 보통 돌 전후 포인팅을 시작한다고 한다. 이후 집게손가락으로 사물을 포인팅한 뒤 다른 사람이 그것을 보는지 확인하는 과정이 나타난다. 이를 '합동주시'라고 한다. 포인팅과 합동주시는 중요하다. 의사소통의 토대가 되는 기술이기 때문이다.

현이는 포인팅이나 합동주시 대신 다른 사람의 손을 잡은 채 자신이 원하는 곳으로 끌고 가는 방식을 택했다. 전문 용어로는 크레인Crane. 크레인은 자폐스펙트럼 아동의 대표적인 특징이다.

3. 이름을 불러도 쳐다보지 않는다

다른 말로 '호명반응'이라고 표현한다. 현이의 경우 이름을 불러도 곧바로 반응하지 않는 경우가 많았다. 여러 번 이름을 부른 후에야 간신히 쳐다보곤 했다. 8개월 무렵 성장 앨범 촬영을 할 때도 이름을 부르는 엄마 아빠를 보지 않아서 손뼉이나 장난감 소리로 시선을 유도했다.

4. 눈맞춤이 오래 지속되지 않는다

자폐스펙트럼 아동의 경우 눈맞춤이 약하다고 한다. 솔직히 이 부분에선 이상함을 느끼지 못했다. 눈맞춤을 피한다는 인상은 없었으니까. 엄마와 눈이 마주치면 으레 던지는 미소도 보여 주었다. 다만 눈맞춤의 깊이감에서는 분명 차이가 있었다. 현이는 나와 오래도록 눈을 맞추는 경우가 드물었다. 엄마 품에 안긴 두 살 정도의 아이가 낯선 사람인 나를 민망할 정도로 쳐다본 적이 있었다. 그때 알았다. 누군가의 눈을 바라보는 행동이 호기심이든 경계의 눈빛이든 상관없이 현이에겐 없었던 강렬한 눈맞춤이란 걸 말이다.

5. 특정 행동을 반복한다

흔히 '상동행동'이라고 한다. 같은 행동을 반복하는 것을 말한다. 현이는 한동안 습관처럼 눈을 흘겼다. 그 외에도 수납장에 달린 문이나 베란다 문 등 여러 종류의 문을 반복적으로 여닫으며 시간을 보냈다.

초기 신호 외에도 아이의 발달을 알아볼 수 있는 객관적 지표로서 영유아 검진과 영유아 발달선별검사*를 활용하는 것을 추천한다. 영유아 검진은 신생아 시기, 생후 4~6개월, 생후 9~12개월, 생후 18~24개월, 생후 30~36개월, 생후 42~48개월 등 아이가 만 6세가 되기 이전까지 무료로 받을 수 있다. 발달선별검사는 검진 가능 시기와 상관없이 월령에 맞춰 국민건강보험에서 다운로드해 사용할 수 있다.

영유아 발달선별검사가 유용한 이유는 생후 4개월부터 71개월까지 2개월에서 5개월 단위로 월령 구간을 촘촘하게 구분한 데다 자가 채점이 가능해 언제든 점검할 수 있기 때문이다. 검사는 대근육, 소근육, 인지, 언어, 사회성, 자조 등 여섯 항목을 기준으로 추가 질문 포함. 50여 개의 질문으로 구성된다. 각 항목에 맞춰 심화 평가 권고, 추적 검사 요망, 또래 수준, 빠른 수준으로 결과를 확인할 수 있다.

중요한 건 검사 결과의 일관성이다. 현이의 경우 영유아 발달선별검사에서 지속적으로 발달이 느리다는 결과를 받았다. 11개월 검사에서는 대근육·언어·사회성 항목에서 추적 검사 요망을, 21개월 검사에서는 대근육·소근육·자조 항목에서 추적 검사 요망, 인지·언어·사회성 항목에서는 심화평가 권고를 받았다.

자폐스펙트럼장애
그리고 아스퍼거 증후군

미국정신의학회가 발간하는 《정신질환의 진단 및 통계 편람》에 따르면 자폐스펙트럼장애는 신경 발달상의 차이에서 발생하는 장애 중 하나다. 이러한 신경발달장애에는 ADHD와 특정학습장애, 의사소통장애 등이 포함된다. 사람들과의 관계에 관심이 없거나 의사소통하는 데 어려움이 있고 관심사가 제한적이며 특정한 행동을 반복하는 것이 주요 특징이다.

공식 진단명은 자폐스펙트럼장애지만 자폐는 몇 가지 다른 이름으로 불린다. 전반적 발달장애도 그중 하나고 아스퍼거 증후군도 그렇다. 아스퍼거 증후군은 1994년, 자폐증과 관련된 별개의 질환으로 공식 인정되었으나 2013년 이후 자폐스펙트럼장애라는 진단명에 포함되면서 의학적 진단에서 완전히 사라졌다. 그런데도 여전히 아스퍼거 증후군이란 진단명을 사용하는 이유는 자폐가 갖고 있는 의미가 대단히 일차원적이며 이에 대한 선입

견 또한 견고하기 때문이다. 아스퍼거 증후군은 고전적 자폐와 달리 언어와 인지 발달 지연이 두드러지지 않는 것이 특징으로 지능이 평균 범주에 속하는 고기능 자폐와 혼용되기도 한다. 전문가들 사이에서도 아스퍼거 증후군과 고기능 자폐를 구분하는 데 이견이 많다.

우리가 사는 세상에서 자폐는 오래전 영화 '레인 맨'1989이나 '말아톤'2005에서 벗어나지 못했다. 말이 서툴고 자신이 했던 말을 반복하며 몸을 왔다 갔다 흔들거나 손가락을 의미 없이 튕기는 등의 행동을 하는 사람. 대부분의 사람이 생각하는 자폐의 이미지다. 그러나 특정 분야에서 성공한 세계적으로 유명한 인물이 많은 것도 사실이다. 역사상 가장 위대한 배우라는 타이틀을 가진 안소니 홉킨스, 기후 위기에 대해 열변을 토했던 환경 운동가 그레타 툰베리, 테슬라 최고 경영자 일론 머스크도 아스퍼거 증후군 진단을 받았다. 자폐스펙트럼장애는 아스퍼거 증후군을 포함하는 것은 물론, 지금까지 자폐를 일컫는 명칭 중 가장 넓은 범주를 자랑한다.

자폐가 다양한 증상을 가진 스펙트럼장애로 바뀌면서 진단 수도 늘고 있다. 2020년 미국질병통제예방센터에 따르면 유병률이 54명당 1명이라는 조사가 있을 정도다. 통계적으로만 따지면 국내 5,000만 인구 중 100만에 가까운 숫자다. 《뉴로트라이브》를 쓴 미국의 과학 저널리스트 스티브 실버만은 이렇게 말하기도 했다.

"현재의 추정 유병률로 볼 때 자폐인 집단은 전 세계에서 가장 큰 소수자 집단이다. 미국의 자폐인 수는 대략 유대인 전체 인구와 비슷하다."

다양한 감각 추구에 관한
사소한 생각

눈을 흘기는 행동을 전문 용어로 '시각추구'라고 한다. 시각추구는 감각추구의 일종이다. 감각추구란 신경 발달상의 이유로 여러 자극을 적절히 통합하여 수용하지 못하고 특정 자극을 반복해서 찾는 현상을 가리킨다.

감각추구는 다양하게 나타난다. 대표적으로 바퀴나 팽이, 세탁기처럼 돌아가는 물건을 바라보거나 일부러 물건을 흔들어 보는 시각추구가 있다. 이 외에도 과도하게 달거나 짠 음식을 탐닉하는 등의 미각추구가 있고 스웨터가 닳도록 손가락으로 만지는 것과 같은 촉각추구도 있다.

감각추구와 반대의 경우 '방어'라고 표현하기도 한다. 모래를 만지지 못하거나 새 옷을 입지 못하는 것을 '촉각방어'가 있다고 말한다. 미각이 민감한 아이라면 편식을 심하게 할 수 있고 청각이 예민한 아이라면 청소기, 드라이기, 식기세척기와 같은 일상 소음에도 귀를 막을 수 있다.

감각추구와 같은 현상은 시각, 청각, 촉각, 미각, 후각 다섯 가지 감각은 물론 전정 감각과 고유수용성 감각과 연관되어 나타난다. 전정 감각은 중력에 대한 몸의 움직임을 감지하고 몸의 균형을 잡아 주는 역할을, 고유수용성 감각은 눈이나 입, 손이나 발 등의 위치가 어디에 있으며 어떻게 움직이는지 뇌에 전달하는 역할을 한다.

감각추구에 대처하는 특별한 방법은 없다. 감각통합치료를 통해 완화시킬 뿐이다. 자폐 관련 전문가들은 아이의 관심을 다른 데로 전환시키는 노력이 필요하다고 강조한다. 이와 반대로 아이가 반복적으로 하는 행동을 억지로 그만두게 해서는 안 된다고 주장하는 사람들도 있다. 감각추구가 스트레스를 완화하고 마음을 진정하는 데 효과가 있기 때문이다.

자폐 분야의 세계적인 권위자 배리 프리전트는 저서 《독특해도 괜찮아》에서 대부분의 사람이 불안을 조절하기 위해 숨을 크게 들이쉬거나 껌을 씹는 등의 행동을 하는 것처럼 자폐스펙트럼 아동도 마음을 진정시키기 위해 특정 행동을 반복한다고 말한다. 두 팔을 펄럭거리거나 제자리에서 빙빙 돌거나 손가락으로 딱딱 소리를 내거나 돌아가는 환풍기를 응시하는 행동이 이에 속한다.

생각해 보면 자폐적 행동이라고 치부되는 행위 중 실제로 문제가 되는 경우는 드물다. 관점에 따라 감각추구는 사소한 일일 수 있다. 부모로서 할 수 있는 행동은 아이의 다름을 받아들이는 것, 조금 이상해 보이더라도 그럴 만한 사정이 있다고 인정해 주는 것, 그뿐이다.

역시 조기 개입이
중요한 이유

자폐 관련 전문가들은 어릴 때 치료를 시작할수록 예후가 좋다고 말한다. 조기 개입은 보통 36개월 이전을 의미하며 언어치료와 놀이치료, ABA 같은 프로그램은 생후 18개월부터 가능하다고 한다.

발달이 느린 애들도 있고 빠른 애들도 있다는 말도 틀리지 않다. 분명 그런 아이들도 있을 것이다. 그래도 만에 하나, 혹시 모를 일을 대비해 또래와 비교해 발달이 더디다면 진료를 받고 치료를 시작해야 한다. 한글을 모르거나 셈을 잘 못 하는 아이들이 학원을 가듯, 아니면 좀 더 어린아이들이 두뇌 발달 일환으로 문화센터를 다니듯, 말을 잘 못 하는 아이는 언어 수업을 받는다고 가볍게 생각했으면 좋겠다. 부족한 부분이 채워진다면 그때 중단하면 되니까.

아이가 남들과 다르다고 느낀다면 일단 병원에 가자. 병원은 소아과가 아닌 정신과, 진료 과목 중 발달장애가 있는 정신과를 찾아야 한다. 일반적으로 병원 내에 발달센터가 있는 경우 담당 의사가 관련 임상 경력이 많을 가능성이 높다. 자폐스펙트럼의 경우 의사마다 다른 진단을 내리는 경우도 종종 있다. 아이가 어릴수록, 증상이 경미할수록 더 그렇다. 이곳저곳 병원 투어하는 것을 권하지는 않지만 상급 병원이나 자폐 분야에서 이름난 전문가가 있는 병원을 찾아보는 것도 도움이 될 수 있다. 병원 예약이란 게 유명한 분들에게 집중되는 경우가 많은데 이쪽도 분위기는 비슷하다. 일 년 대기는 기본이고 길게는 이삼 년까지 걸린다.

요즘에는 발달센터를 통해 상담을 받고 수업을 시작하는 사람들도 많다. 정신과와 비교해 상대적으로 심리적 장벽이 낮기 때문이다. 그래도 병원 진료는 필요하다. 의사 소견을 가이드로 삼되 발달센터 전문가의 조언을 참조해야 한다.

조기 개입으로 아이가 완전히 달라지는 것은 아니다. 그저 이른 개입으로 언어나 상호작용 같은 사회적 기술을 보다 수월하게 배울 수 있고 아이가 불편해하는 것들을 도울 수 있다면 그로 인해 아이의 삶이 조금이나마 편안해진다면 그것으로 충분하다. 자폐스펙트럼이 신경 발달상의 문제라면 신경 발달이 왕성하게 일어나는 영유아기를 더더욱 놓칠 수 없다.

검증된 치료 선택부터
전문가 찾기까지

자폐 분야에서 유명한 정신과 전문의는 자폐스펙트럼 진단을 받은 아이들 중 예후가 좋은 경우*를 다음 4가지로 정리했다.

첫 번째, 언어가 최소 만 48개월 이전에 트인 경우
두 번째, 지능검사를 했을 때 적어도 IQ가 70 이상 되는 경우
세 번째, 부모가 검증된 치료를 적극적으로 중간에 멈추지 않고 지속해서 하는 경우
네 번째, 환경적인 요소로 가족 관계가 화목하고 돈독할 때

이 중에서 세 번째 조건인 검증된 치료를 적극적으로 중간에 멈추지 않고 하는 것이 중요하다. 여기에서 검증된 치료는 ABA와 언어치료. 그 외 놀이

치료와 인지치료, 사회성 훈련을 병행할 수 있다. 필요에 따라 감각적인 문제가 고민된다면 감각통합치료를 받을 수 있고 소근육 발달을 돕는 작업치료를 추가할 수 있다. 모두 병원이나 발달센터를 통해 접할 수 있는 프로그램이다.

이 밖에도 주변에서 효과가 좋다는 프로그램은 무궁무진하다. 아이가 좋아하는 놀이를 통해 상호작용을 유도하는 플로어타임, 스트레스를 줄이고 집중력을 높이는 데 효과적이라는 뉴로피드백, 뇌에 전기 자극을 주어 과잉행동이나 상동 행동을 진정시킨다는 경두개자기자극치료*까지. 이외 글루텐과 카제인 성분을 식단에서 제한하는 식이요법도 있고 마그네슘이나 비타민 B_6와 같은 특정 영양소가 증상 완화에 도움이 된다는 말도 있다.

치료는 의사의 조언을 참조하되 자신의 상황에 맞춰 종류와 횟수를 조절해야 한다. 중요한 건 지속성이다. 장기전이 될 가능성이 크므로 단기간에 많은 것을 해결하려 하지 말고 꾸준히 훈련한다고 생각하면 좋다. 그다음은 선택의 문제다. 병원에서 권하지는 않았지만 아이에게 해가 되지 않고 시간이나 비용 등 여러 면을 고려해 시도해 보고 싶다면 시범 삼아 해도 괜찮다고 생각한다. 대신 객관적인 정보를 찾아보고 주변 사람들의 의견을 참조해야 한다.

무슨 치료를 하는지도 중요하지만 어떤 선생님을 만나는지도 중요하다. 주변에 있는 병원과 발달센터를 알아보고 대기가 긴 선생님을 확인하자. 인터넷 커뮤니티를 활용하는 것도 유용하지만 역시 가장 믿을 수 있는 건 발달센터에서 만나는 사람들이다. 대화도 잘 통할 뿐더러 선생님에 대한 정보도 얻을 수 있다.

먼저 선생님과 수업을 진행하며 상황을 지켜볼 수도 있다. 아이가 선생님과 함께하는 시간을 즐거워하고(거부하지 않고) 선생님이 아이의 부족한 점을 알고 있으며 이에 대해 적절히 대응한다면 수업을 진행해도 무방하다. 대기실에서 선생님이 어떤 식으로 수업을 진행하는지 듣는 것도 도움이 된다.

발달 정도에 따라 선생님을 바꿔야 하는 경우가 생길 수도 있다. 아이가 자랄수록 이런 점은 두드러진다. 가령, 말을 못 하는 아이에겐 말을 하는 방법을 가르치는 데 집중하면 되지만 말은 잘하지만 상황에 맞춰 적당한 말을 하지 못하는 아이에게는 보다 복잡한 개입이 필요하기 때문이다.

선생님마다 강점인 부분이 따로 있다. 선생님 경력 사항을 확인하고 선생님이 가르치는 아이들의 연령도 비교하자. 이제 막 말을 시작하는 한두 살 아이들에게 특화된 선생님도 있고 유치원이나 초등학교 아이들에게 잘 맞는 선생님도 있다. 특히 오랜 기간 함께한 선생님의 경우 수업 자체가 패턴화될 수 있다. 수업 중 익숙한 자극과 판에 박힌 대응이 지속된다면 학습 효과가 떨어질 수밖에 없다. 이때쯤 다른 선생님을 찾아보거나 아니면 개별 수업에서 짝 수업*이나 그룹 수업으로 전환하면서 새로운 분위기를 조성하는 것도 방법이다. 모든 과정은 선생님과 의논하며 조율해야 한다.

월령별 요약 기록
그리고 진단 일지

19개월 무렵   눈을 흘겨보는 시각추구 시작

21개월   정신과의원 진료 후 언어장애 진단
          (다른 정신과의원에서는 전반적 발달장애 진단)

22개월   언어치료 시작

24개월   놀이치료 시작

26개월   감각통합치료 시작

의사 소견을 참조해 행동치료에 속하는 ABA**응용행동분석** 프로그램은 하지 않았다. 말을 하지 못해 언어치료에 집중했고 상상놀이와 역할놀이 같은 것을 가르치기 위해 놀이치료를 병행했다. 감각적으로 예민한 부분이 있어 감각통합치료도 시작했다. 무발화에 가깝던 언어는 23개월 모음 모방, 24개월 "엄마"라는 단어를 입 밖으로 내뱉었다. 27개월쯤엔 단어는 물론 문장을 따라 말했다.

29개월   언어검사 및 발달기능검사

언어검사 중 다른 사람의 말을 이해할 수 있는 수용언어 항목에서 지연 없음. 자신의 의사를 말할 수 있는 표현언어 항목에서 4개월 지연 결과가 나왔다. 발달기능검사*에서 전반적인 발달 수준은 2년 5개월로 아이의 월령과 동일, 소근육과 눈-손 협응을 제외하고 모두 제 월령보다 조금 높게 나왔다. 30개월, 남의 말을 따라 하는 반향어 현상이 있었으나 이후 별다른 문제 없이 묻고 대답하기가 가능했다.

35개월   언어검사 후 짝 수업 시작

수용언어 9개월 빠름, 표현언어 6개월 지연. 40개월 언어검사에서 수용언어는 9개월, 표현언어는 3개월 앞선 것으로 나왔지만 부정확한 발음으로 조음치료*가 필요하다는 말을 들었다. 언어 선생님과 의논 후 조음치료 대신 상호작용에 효과적인 짝 수업을 시작했다.

49개월   종합심리검사 & 지능검사 후
                사회성 그룹 수업 및 인지치료 시작

전체 지능 평균 수준. 동작성 지능이 언어성 지능보다 20점가량 낮아 비언어성 학습장애 의심 소견을 들었다. 비언어성 학습장애는 동작성 지능이 언어적 지능보다 유의미하게 낮고 사회적 상황을 제대로 이해하지 못해 대인 관계에서 어려움을 보이는 경우 진단한다. 종합심리검사 중 쉽게 산만해지고 집중을 못 해 만 6세 이후 ADHD 관련 검사를 받아보라는 권고를 들었다. 언어 및 놀이 선생님 조언에 따라 이 년가량 유지했던 수업을 모두 종결하고 사회성 그룹 수업과 인지치료를 새롭게 시작했다. 이후 놀이를 통해 상호작용을 높이는 플로어타임을 추가했다.

61개월   언어검사 & 지능검사 후
                 언어치료 및 짝 수업 재개

수용언어는 11개월, 표현언어는 5개월 빠르고 이전에 미흡하다고 지적받은 조음 평가에서 100퍼센트 정확도를 보였다. 다만 화용언어는 여전히 부족하다는 평가를 들었다. 지능검사에서 전체 지능 평균 상上 수준, 언어성 지능과 동작성 지능 편차가 사라졌다. 의사는 사회적 의사소통장애 의심 소견을 전했다. 화용언어에 집중하기 위해 언어치료를 다시 시작했고 몇 개월 뒤 짝 수업으로 전환했다.

70개월   자폐스펙트럼장애 판별을 위한 검사 ADOS &
                 ADI-R, 모듈 2 실시(분당서울대학교병원)

ADI-R 검사와 ADOS 검사를 종합하여 보았을 때 자폐스펙트럼장애 기준에 부합한다는 결과를 들었다.

현재 치료적 수업은 대부분 정리하고 인지 선생님과 놀이 선생님이 공동으로 진행하는 사회성 그룹 수업과 부모와 자녀가 함께 치료에 참여하여 전문가의 직접적인 코칭을 받는 부모-아동 상호작용치료® 프로그램을 듣고 있다.

이 같은 치료적 개입이 언제까지 이어질지 알지 못한다. 사춘기 무렵에는 청소년 사회성 기술 훈련 프로그램인 PEERS®를 염두에 두고 있기도 하다. 가끔 지칠 때도 있지만 그래도 아이를 위해 무언가 할 수 있다는 것이 적절한 자극이 된다.

낯선 용어
알아보기

- **감각통합치료**
걷기, 학습하기 등 커다란 과제의 직접적인 수행이 아니라 그에 필요한 여러 감각들을 느끼고 통합해 나갈 수 있도록 해 주는 치료다.

- **거북맘 토끼맘**
거북이 같은 아이의 엄마와 토끼 같은 아이의 엄마들이 모여 만든 네이버 카페. 느린 아이는 자폐스펙트럼이나 지적장애를 가진 아이를 말하며 빠른 아이는 ADHD와 같이 에너지 넘치게 행동하는 아이를 말한다.

- **경두개자기자극치료 (TMS, Transcranial Magnetic Stimulation)**
안전한 자기장으로 뇌를 자극하여 특정 부위의 신경세포를 활성화시키는 치료법이다.

- **공교육 멈춤의 날**
2023년 서울 서초구의 한 초등학교 교사가 스스로 목숨을 끊은 것과 관련하여 전국 교사들이 피해 교사의 49재인 9월 4일을 '공교육 멈춤의 날'로 정하고 추모 행사에 나섰다.

- **무발화**
말을 전혀 사용하지 않거나 못 하는 상태

- **발달기능검사 (교육진단검사, PEP-R, Psycho Educational Profile-Revised)**
  세계 여러 나라에서 아동의 발달기능과 행동특성 평가에 널리 사용되고 있는 검사로 아동의 발달지체, 자폐, 정신증 등을 평가할 목적으로 시행한다.

- **부모-아동 상호작용치료 (PCIT, Parent-Child Interaction Therapy)**
  부모-자녀 관계 패턴의 변환에 중점을 두고 2~7세 아동의 행동문제, 분리불안 및 발달지연 등을 보이는 아동과 양육자를 대상으로 하는 검사이며, 놀이치료와 행동치료를 결합하여 즉각적인 변화를 이끌어내도록 고안된 부모 코칭 프로그램이다.

- **비언어성 학습장애 (Nonverbal learning disabilities)**
  언어 능력에는 강점을 보이지만 공간지각 능력, 운동 능력, 사회성 기술과 같은 비언어적 능력에서 결함을 보이는 것이다.

- **사회적 의사소통장애 (Social communication disorder)**
  사회화에 어려움을 겪지만 지능지수가 정상이며 자폐스펙트럼장애로 진단되지는 않는 경우를 말한다.

- **생후 6개월, 전형적 발달 아이와 비전형적 발달 아이의 반응을 비교한 영상**

- **수용언어 (Receptive Language)**
  상대방의 말을 듣고 의미를 파악하고 이해하는 능력으로 말과 몸짓을 이해하는 모두를 포함한다.

- **신경다양성 (Neurodiversity)**
  뇌신경의 차이로 발생하는 다름을 생물적 다양성으로 인식하는 관점이다. 자폐 특성, 지적스펙트럼, ADHD, 학습장애, 사회적 의사소통장애 등이 포함되며 신경다양인을 가리키는 표현이다.

- **아가페**
  아스퍼거(자폐스펙트럼) 가족 모임방 카페의 줄임말. 아스퍼거 증후군이나 자폐스펙트럼장애가 있는 가족들을 비롯해 본인이 자폐를 갖고 있는 성인, 전문가, 치료사, 연구 활동가, 학교 선생님의 모임방이다.

- **언어검사 (PRES, Preschool Receptive-Expressive Language Scale)**
  국내에서 개발된 언어 능력 평가 도구로, 취학 전 아이의 수용언어 및 표현언어 발달 정도를 측정하는데 사용한다.

- **영유아 건강검진과 발달선별검사 (한국 영유아 발달선별검사, K-DST: Korean Develpmental Screening Test for Infants & Children)**
  건강검진은 생후 14일부터 71개월(6세 미만)까지의 영유아를 대상으로 구강검진을 포함하여 시각 이상, 청각 이상, 비만, 발달 이상 등 여러 가지 부분을 진행한다. 발달선별검사는 생후 9개월(3차 검진) 이후에 건강검진을 받는 영유아를 대상으로 진행하며, 대근육 운동, 소근육 운동, 인지, 언어, 사회성, 자조 항목을 평가한다. 자세한 사항과 영유아 건강검진 문진표, 발달선별검사지는 국민건강보험 홈페이지에서 확인할 수 있다.

- **응용행동분석 (ABA, Applied Behavior Analysis)**
  어떤 특정 행동의 향상을 위해 가설적인 행동 원리를 적용해 보고, 동시에 그러한 적용이 행동의 변화를 가져오는지, 어떤 부분 때문에 변화가 있었는지를 평가하는 과정이다.

- **인지치료**
  심리적인 문제에 기여하는 감정, 생각(인지), 행동들이 서로 밀접한 관련이 있으며, 스스로 생각(인지)을 조절하여 문제의 본질을 파악하고 해결할 수 있도록 도와주는 심리치료다.

- **자폐스펙트럼 진단을 받은 아이들 중 예후가 좋은 경우**
  자폐스펙트럼장애, 긍정적 예후의 시그널 4가지

- **전반적 발달장애 (PDD, Pervasive Developmental Disorder)**
  사회성과 의사소통 능력에 문제를 일으키는 여러 증후군을 총칭한다.

- **정신질환 진단 및 통계 편람**
  미국정신의학협회가 출판하는 서적으로 정신질환의 진단에 있어 가장 널리 사용되고 있다. 처음 출판된 뒤 II, III, III-R, IV, IV-TR, 5판 등으로 여섯 차례 개정되었다. DSM-5는 2013년 5월 배포된 다섯 번째 개정판이다.

- **조음치료**

  발음 문제를 해결하는 전문적인 치료 방법으로 발음기관인 혀, 입, 턱, 성대 등이 제 역할을 잘할 수 있도록 돕는 과정이다.

- **지능검사** (한국 웩슬러 유아 지능검사, K-WPPSI: Korean-Wechsler Preschool and Primary Scale of Intelligence)

  만 3세 0개월에서 7세 3개월까지 아동의 인지적 능력을 평가하는 검사다.

- **청각적 자극에 대한 영상**

  감각 과부하

- **통합어린이집**

  장애 아동과 비장애 아동이 함께 생활하는 어린이집으로 장애 등록을 하지 않아도 발달 지연이 심할 경우 신청할 수 있다.

- **표현언어** (Expressive Language)

  말하기, 쓰기, 제스처, 몸짓, 수화, 지화, 의사소통판의 사용 등 모든 방법으로 자신의 의사를 표현하는 것을 포함한다.

- **풀배터리** (종합심리검사, Full Battery Assessments)

  개인의 정서, 인지, 성격적 특징을 중심으로 지속적인 갈등과 반복되는 문제, 대인관계 등 기능을 종합적으로 진단하고 평가하는 심리검사다.

- **플로어타임** (Floor Time)

  눈높이에 맞춰 아이들의 놀이 장소인 바닥으로 내려가는 것을 뜻한다. 현재 기능적, 정서적 발달 수준의 역량들을 높이고 다음 단계로 올라갈 수 있도록 도와준다.

- **화용언어** (Pragmatic Language)

  사용과 맥락 등을 고려한 언어를 사용하고 이해하는 능력으로 상황에 따라 적절한 말을 사용할 수 있고 상대방이 말하는 의도를 파악하는 것을 포함한다.

평범한 일상이 흥미진진한
신경다양성 자폐 아이의 좌충우돌 성장기

독특한 아이의 세계

초판 1쇄 인쇄 2025년 1월 10일
초판 1쇄 발행 2025년 1월 15일

지은이 이현정
그린이 전선진
펴낸이 박지원
펴낸곳 도서출판 마음책방

출판등록 2018년 9월 3일 제2019-000031호
주 소 경기도 김포시 김포한강8로 410, 1001-76호
대표전화 02-6951-2927
대표팩스 0303-3445-3356
이메일 maeumbooks@naver.com

ISBN 979-11-90888-37-0 03810

저작권자 ⓒ 이현정, 2025

- 이 도서는 2024년 문화체육관광부의 '중소출판사 도약부문 제작 지원'
  사업의 지원을 받아 제작되었습니다.

- 책값은 뒤표지에 있습니다. 잘못된 책은 구입하신 곳에서 바꿔드립니다.
- 이 책의 내용은 저작권법의 보호를 받는 저작물이므로 무단 전재와
  무단 복제를 금합니다.
- 도서출판 마음책방은 심리와 상담 책으로 지친 마음을 위로하고,
  발달장애 책으로 어린아이들의 건강한 성장을 돕습니다.